麦克斯韦 罗蒙诺索夫

中外名人的青少年时代丛书

主编/林 乾

编著/李 平 翁有利

山西出版传媒集团
山西人民出版社

图书在版编目（CIP）数据

麦克斯韦　罗蒙诺索夫/李平，翁有利编著.—太原：山西人民出版社，2012.6

（中外名人的青少年时代丛书/林乾主编）

ISBN 978-7-203-07690-2

Ⅰ.①麦… Ⅱ.①李…②翁… Ⅲ.①麦克斯韦，J.C.(1831~1879)—生平事迹—青年读物②麦克斯韦，J.C.(1831~1879)—生平事迹—少年读物③罗蒙诺索夫，M.V.(1711~1765)—生平事迹—青年读物④罗蒙诺索夫，M.V.(1711~1765)—生平事迹—少年读物 Ⅳ.①K835.616.11-49②K835.125.1-49

中国版本图书馆CIP数据核字（2012）第067319号

麦克斯韦　罗蒙诺索夫

编　　著：	李　平　翁有利
责任编辑：	秦继华
助理编辑：	孙　琳
装帧设计：	陈　婷
出 版 者：	山西出版传媒集团·山西人民出版社
地　　址：	太原市建设南路21号
邮　　编：	030012
发行营销：	0351-4922220　4955996　4956039
	0351-4922127（传真）　4956038（邮购）
E-mail：	sxskcb@163.com　发行部
	sxskcb@126.com　总编室
网　　址：	www.sxskcb.com
经 销 者：	山西出版传媒集团·山西人民出版社
承 印 者：	运城日报社印刷厂
开　　本：	890mm×1240mm　1/32
印　　张：	9.625
字　　数：	200千字
印　　数：	1-5000册
版　　次：	2012年6月　第1版
印　　次：	2012年6月　第1次印刷
书　　号：	ISBN 978-7-203-07690-2
定　　价：	19.00元

如有印装质量问题请与本社联系调换

中外名人的青少年时代丛书

编委会

学术指导 廖盖隆 姜思毅 赵宝煦 王瑞璞

主　　编 林　乾

副 主 编 周知民 王国君 林　华 田　泉
　　　　　　王丽娟 王增宁 句　郑 张守龙
　　　　　　陈瑞玲 林秋朔　　　　 缪晓敏

编　　委

编　　著

于奉春　马　敏　王巧兰　王立君　王　林
王　伟　王连茹　王　虹　王国君　王丽娟
王建勋　包亚吉　尹成君　孔朝蓬　厉永平
丛瑞华　冯　凡　冯志才　朱显武　刘万民
刘万毅　刘维义　刘建华　刘金洲　刘　研
乔　伟　孙利颖　江继海　杨立军　邱立君
李　平　李秋民　李宏敏　杜海燕　芮之帅
吴亚文　陈知晶　范守龙　张白羽　张洪启
张春和　娄周力　郑　毅　张明帅　罗维东
徐景芬　桑秋杰　袁学哲　祝东琳　姜亚军
唐赞青　阎雯靖　翁有利　赵琳宁　高蕴兰
常建华　　　　 康　雪　郭向鹏　郭赫坚
程　成　　　　 　 董 蔡　寇翟迎春　潘宝泉
薛柏成

编者的话

时光在流逝，生命在燃烧。当我同理想和希冀相伴的青少年时代依依惜别，即将步入厚重的中年时，一种"人生几何"的感喟时常萦绕于怀。遥忆往昔贫寒的童真岁月，仍愿咀嚼那涩涩的酸楚中播撒出的永生不灭的希望之火。

幼年的时候，家乡总共不过百种物品的"百货店"里，竟有一个柜台是专门售书的。在这里，我发现了牛顿，知道了高尔基，认识了列宁，记住了鲁迅。记得那是小学三年级的事。一天放学回来，一位女同学悄悄地对我说："供销社来了一本好书，去看看！"我们一同跑到柜台前，一看是《闪闪的红星》，价格是3角5分钱，这在当时是7个鸡蛋的价钱。我一连三天，每天放学都要去看一看那本书，很怕被别人买走。第四天，我终于鼓足勇气，对母亲说明了缘由。我怯生生地站在母亲面前，好长时间母亲没有说话，母亲那慈爱的目光一直留在我的脑海里。我拿着3角5分钱，终于如愿买回了那本书。"那一年，我7岁，听大人们说，闹革命了……"一晃，20多年过去了，当我面对苍老的母亲时，仍会清晰地记得买书的情景和书中的故事。

今天，当我踏上生于斯、长于斯又阔别多年的故土时，先要找回的还是少年的梦。还是那个位置，还是那个供销社，房屋早已翻盖一新，店主当然不再是戴着近视眼镜、眼睛一眨一眨的老师傅。除"大件"外，几乎和城里的物品一样丰富，应有尽有。可柜台里再也找不到一本书。当我看到读初一的侄子和读小学五年级的侄女的书架上，课外书几乎都是机器猫、卡通之类时，喉咙里似乎有什么东西难以下咽，心里沉甸甸的。时代不同了，教育的内容、目标和对象都在发生变化，社会改革和财富增长无疑是一个时代的进步，我没有恋旧癖，更无意美饰贫乏的年代。但当怀念起童年少年时代那种难以忘怀的景象时，内心深处总觉得我们这个社会在走向富裕的路途中还应弥补一些遗憾——强健精神的遗憾。

人无法超越生命的自然极限，但可以超越生命本身。人类正是通过他们的创造将自己的文明史推向前进。当我驻足在色彩斑斓的历史画卷前，分明感受到伟大人物的人格力量和生命的另一种延续。……毫无差错却被外公毒打；不是为了几枚铜板而是为了证明自己的勇气在棺木上睡觉；为了生生不灭的理想在阴暗的面包房里读书：这一幕幕情景仿佛伏尔加河畔不屈的少年高尔基就站在我的面前，与苦难的命运抗争。出身贵族家庭却自幼身残的拜伦，在高贵与卑贱的矛盾中让内心的苦楚升发出一种倔强、刚毅和力量。苦难的确是人生的最好教科书。当他们用心灵慢慢消受种种不幸时，也在创造一种辉煌和永恒。"青年如初春，如朝日，如百卉之萌动，如利刃之新发于硎，人生最可宝贵之时期也。"每一次记起陈独秀《敬告青年》中的这几句话，都有一种催人奋发的鞭策力量。对于不再拥有生命自然时段上的青少年时期的我，真想让心灵再走一番青少年的路：热爱生命吧！因为生命是一次性"消费"；珍惜青春吧，让青春的亮点变成一片光明，普照以后的所有生命里程。

　　影响人类文明史的中外名人在他们有限的生命里，创造了辉煌和永恒。他们的许许多多成功在青少年时代就奠定了基础，他们在青少年时代就怀有救国救民、立志创业的信念，这种信念强烈地影响了他们的一生。名人成功以后的事迹为人们所熟知，但他们成功之前的历史却鲜为人知，这方面的材料也很缺乏。本书对名人的家世、家教、兴趣爱好以及对其一生有影响的人和事等着墨颇多，尤其探究了中外名人之所以成功的主客观因素，我们由衷地希望这番努力对成长中、探索中的青少年会有所裨益。

林　乾

目　录

麦克斯韦

美丽的家园 …………………………………… 003
爱动脑筋的孩子 ……………………………… 011
家教的影响 …………………………………… 026
殷殷父子情 …………………………………… 037
倔强的"丑小鸭" ……………………………… 050
两个好伙伴 …………………………………… 077
一鸣惊人的"白天鹅" ………………………… 087
步入科学的殿堂 ……………………………… 105
接过法拉第的火炬 …………………………… 124
千秋功绩任评说 ……………………………… 138

罗蒙诺索夫

渔夫的儿子 …………………………………… 149

苦辣艰辛的学前求知 …………………… 164
去莫斯科求学 …………………………… 186
在柴康诺斯巴斯学校里 ………………… 207
中转签字，险些误事 …………………… 230
真理的追求 ……………………………… 245
冲突与取道回国 ………………………… 262
俄国科学之父 …………………………… 281

麦克斯韦

可以数是属统治着整个量的世界，而算数的四则运算则可以看做是数学家的全部装备。

——麦克斯韦

美丽的家园

　　麦克斯韦诞生在英国北部美丽的海滨古城爱丁堡。爱丁堡曾是苏格兰传统的首府，是苏格兰王室法定的所在地，这个美丽的城市坐落在北海福思湾的令人神往的位置上。依山傍水，景色宜人。灰白色高耸入云的古代城堡林立如峰，雄伟威严之势令人倾慕。尖尖的屋脊直插云霄，体现着浓浓的宗教色彩。城堡的墙垣高低错落，与背后陡峭的山丘连成一体。山色青青，葱葱郁郁，树木丛生，蓬蓬勃勃，太阳的光辉照射着山峰，散发着林间温润之气，气浪上升，云蒸霞蔚。远处的山坡草地，牛羊肥壮，田间的耕地，阡陌纵横。错落有致的农家小院，鸡犬相闻，炊烟袅袅。蔚蓝的天空明净如洗，远处连接着的福思海湾，风光旖旎，美丽多姿，滚滚涌来的浪花恰是多情少女吻着恋人清秀的脸庞，如此令人陶醉不已，如此令人心旷神怡……

　　这座有着悠久历史的古都一直是苏格兰人政治、经济、文化活动的中心，繁华的太子街逐渐成了爱丁堡的主要商业区。它位于北面的另一个山脊上面，它与古城中间横卧着一条深谷，得天独厚的秀山丽水使爱丁堡市中心成为欧洲的名胜之一。

长长的海湾蜿蜒曲折，一望无际……有金色的沙滩，嶙峋的岩石，有好玩的海螺、贝壳。每当浪花到岸之时，一潮猛过一潮，后浪推击前浪，如若撞在岩石峭壁上，砰砰作响，摔得粉碎，煞是壮观。成群的海鸟唧唧飞舞，装点着海湾的热闹，它们任意飞翔，时而落在山崖，时而落在码头、桅杆之上。数不尽的桅杆如林而立，充分显示了英国这个四周环海国家的优势，即航海业先进。因此，也造就了英国在资本主义发展时期的繁荣昌盛。

麦克斯韦所在家族原属克拉克家族，这个家族从16世纪起就非常有名望，在18世纪中曾两度与麦克斯韦家族联姻。麦克斯韦的父亲约翰·克拉克在继承一处田产时按照当时的契约而承袭了麦克斯韦这个姓氏，因此麦克斯韦全名为詹姆士·克拉克·麦克斯韦。

麦克斯韦的家族中，曾出现过不少的政治家、音乐家、诗人和学者。麦克斯韦的父亲就是一位律师，接受过良好的法学教育，他的母亲弗朗西斯·凯也出身于名门望族，性情果敢，临事有决断，颇有大家闺秀的风范。爱丁堡家中的大事小情都由她决断。

1831年6月13日，麦克斯韦诞生了。此时他的母亲已经40岁，婚后多年未育的父母，中年得子，为克拉克家族又添丁进口，那份欣喜无以言表。1831年因为诞生了像麦克斯韦这样伟大的科学家，而成了电学史上值得纪念的一年。这一年也是法拉第发现电磁感应现象，进一步揭示电和磁互相转化的辩证关系，为近代电磁学奠定基础的关键的一年。

6月份正是爱丁堡的仲夏季节，清晨，艳阳高照，晴空万里，海湾波光粼粼，风平浪静，一派和煦安宁的景象。霎时间，古城的东北方向狂风大作，风卷乌云，滚滚而来，不一会儿，低沉昏暗的铅云笼罩着全城，海水全无往日的宁静和矜持，变得骚动不安起来……

此时，麦克斯韦家中，他的母亲正在分娩，一阵阵的剧痛折腾得她死去活来，这对于一位40岁的母亲来说也的确不易。接生的医生也忙个不停，全家人都在焦急中等待。

窗外狂风不止，暴风雨倾盆如注，一道闪电划过长空，屋内也传出了婴儿清脆响亮的啼哭，麦克斯韦出世了。

温暖如春的卧室内,每个人的脸上都显出喜悦的笑容。麦克斯韦的母亲筋疲力尽,然而却是那样安详、幸福,正慈爱地望着自己亲生的骨肉。他的父亲兴奋得手舞足蹈,抱着襁褓之中的婴儿喃喃自语:"我的儿子,我一定要让我的儿子成为杰出的人物!"他放下婴儿,来到亲爱的夫人身边,双手紧紧地握着她的手,默默地深情地凝视着她,多少感激,多少温存尽在不言之中,一个轻轻的吻落在夫人汗津津的额头……麦克斯韦的诞生给这个富庶的家庭带来了更多的欢歌笑语。

在欢喜忙碌之中,麦克斯韦满月了。他长得白白胖胖,大眼睛忽闪忽闪的,四处乱吮的小嘴,逗得大人们直用手刮他的下颌。麦克斯韦是那样的机警,一双小手不停地摇、摆、捏、抓的。他的母亲精心地照料着他,给他喂奶、饮水、换洗衣服、尿布,等等。把无私的母爱都倾注在孩子身上,琐碎的家务她料理得妥帖周到,总也不见她闲着。由于操劳,她那端庄、贤淑、美丽的面容时常带有一丝倦意。她常常守在麦克斯韦的小床边凝视着儿子,嘴里哼唱着古老的歌谣,轻拍孩子悄然入梦,有时困倦极了,自己就依在床边睡着了。

忽然,有一天她被窗外楼下街道上的吵闹声吵醒,她来到窗前向外张望,一群人黑压压聚集在大街上,好像在集会,其中有一个戴礼帽的绅士站在较高的地方挥舞着手臂在演讲。人群中不时地有人叫好、起哄或打口哨。躺在床上的麦克斯韦不知什么原因哇哇地大哭起来,弗朗西斯赶忙关好窗户来到床边哄起孩子来。不一会儿,麦克斯韦的父亲也进了屋来询问孩子为什么啼哭。弗朗西斯指了指窗外的人群,约翰明白地说:"这里的环境确实很糟糕,工人们为争得一点儿权利而斗争,中产阶级为获得更多的利益也寸步不让,还有一些政治家、议会会员、官员,等等都在谈论议会的立法选举问题,斗争十分激烈。这样的环境对于我们悉心照料孩子的确不便,我建议不如我们全家到乡下的庄园去。"

就这样,刚刚诞生不久的麦克斯韦就随同他的父母一起到了乡下的庄园——格伦莱尔庄园。

格伦莱尔庄园就是麦克斯韦父亲继承的田产。除了庄园以外还有1500英亩的土地。庄园位于苏格兰的南部,在铁路修通以前离爱丁堡有两天的行程。麦克斯韦的童年就是在这个庄园里度过的。后来他潜心研究电磁理论,写成重要的科学著作也是在格伦莱尔庄园。

格伦莱尔庄园是英国典型的庄园,由白色和灰色石头砌成的楼房，总共有三层，外貌十分可观，但还不算宏大；包括起居室、客厅、卧室、图书室、厨房、地窖，等等。约翰曾亲自设计和改造了庄园的部分结构，将窗户等处装上了采光良好的大玻璃，使居室更加宽敞明亮，房屋结构更加合理，既符合生活习惯，又简洁实用。远远望去，整个宅邸雄伟庄严，四周用篱笆与草地牧场隔开。房前屋后，还种了许多桑树，十分茂盛；大门两侧，各有一个大花坛，花丛繁花似锦，百花争艳，蜂拥蝶飞，蝉叫虫鸣。整个庄园也如同花园一般，景色迷人。乌尔河静静地从庄园门前流淌而过，蜿蜒向南，远处青山可见，旧时遗迹若隐若现。碧绿的田野，黑色的牛群，白色的羊群，一派田园风光。如若赶上傍晚时分，天边的落日余晖尚好，满天的晚霞飘忽不定，牛羊"哞咩"归家，这里的一切生活都渗透着浓浓的乡土气息。

庄园的左侧有一些小村落零零落落地散开在那个小山坡上，房顶和树夹杂在一起。庄园和小村庄之间有座教堂，从钟楼的顶上俯视着格伦莱尔庄园的一切。

格伦莱尔庄园如画的田园景致，无不给人以美的享受，陶冶人的情操。麦克斯韦的童年就是在这样的庄园里度过的。他的父母给了他良好的生活环境，也给了他良好的教育，麦克斯韦在无忧无虑中欢度自己的童年。

麦克斯韦吮吸着母亲的甘甜乳汁，渐渐长大。日夜操劳的父母也因中年得子而忘记了疲劳辛苦，沉浸在无比的快乐之中。在这一年的圣诞之夜，尽管窗外寒风凛冽，室内却是暖意融融，旺盛的炉火映衬着每个人的笑脸，明亮的蜡烛照得大厅富丽堂皇，圣诞树上挂满了苹果、糖块等礼物和五颜六色的绸带。约翰里里外外张罗忙碌着，杀牛宰羊，准备礼物，接待来宾，仆人们也穿戴整齐随时听候吩咐。他将地窖内贮存多年的好酒开封，摆上宴席，共同庆贺家族的喜事，欢度圣诞佳节。这一年的冬季虽然很冷，可在麦克斯韦家里，欢乐驱走了寒冷，热闹喜庆笼罩着整个庄园。

麦克斯韦在双亲的抚爱下健康成长，他如同一枚稚嫩的芽苞，沐浴着阳光雨露，吮吸着大地的营养，娇美的笑容绽开在春天的原野，舞动着双臂扑向父母神圣的温暖的胸膛。蹒跚学步、玩耍、嬉闹构成了他童年欢乐的协奏曲。

麦克斯韦的卧室洋溢着浓浓的稚趣，心灵手巧的母亲把房间布置得五彩缤纷，那小小的床头拴挂着各种各样的小玩具，有木刻的娃娃、草编的小猫小狗、圆圆的皮球、哗啷啷直响的牛皮小鼓……这些小玩具大多是约翰的作品，他将深沉的父爱倾注在一件一件的小玩具上。这些玩具常常使麦克斯韦睁大惊奇的眼睛，久久地注视着，此时大人如果轻轻摇动床栏，小床晃动，小玩具开始来回摇摆不定，准会惹得麦克斯韦咯咯笑个不停。有时他伸出胖胖的小手一把抓到其中的一件玩具不愿撒开，双手捧至胸前翻来覆去地玩弄，十分投入。特别是玩那件牛皮小鼓，当他听到悦耳的鼓声时，竟兴奋得手舞足蹈，自己抓住小鼓在空中使劲挥舞……这些小玩具伴随着麦克斯韦一点一点长大，激发着他神奇的想象。等他稍微长大以后，就自己动手制作，编织一个小花篮，将盛开的鲜花插放进去，或者用树枝柳条编一个草帽戴在头上，和小伙伴玩游戏时做隐蔽用，或者用刀削一把长剑扮成古代的铠甲斗士，或者做件玩具……麦克斯韦的头脑中充满了奇异的幻想，他的父母也培养他对各种事物的兴趣及好奇心，而且允许他同村民的孩子一起嬉戏，这使麦克斯韦向他们学会了许多技巧，也操上了一口土语，使他一生都带有格伦莱尔口音。

爱动脑筋的孩子

麦克斯韦是个聪明的孩子，从小就爱动脑筋。让我们从他童年生活中截取几个片断吧。

夏季里的一个傍晚，麦克斯韦和他的父母吃罢晚饭来到院中乘凉。他们一边散步，一边给麦克斯韦讲述《圣经》中的故事。这一年麦克斯韦刚刚3岁，已经能够用简单的语言表达自己的思想，他嚷嚷着要出去玩，他看见了篱笆外的孩子们正在打闹，他也有意想和他们一起玩耍。此时，父亲建议到庄园外的树林里走走，母亲应允，随后转身回房取件披氅以免回来时着凉。正在这时，有仆人来报，那边出了点事情，请麦克斯韦老爷过去看看。约翰急急忙忙地就随同仆人走了。当麦克斯韦的母亲从房里回来时，不见了父子俩的踪影，她还以为他们先走了，于是她朝着树林的方向追去。她一边追赶着一边喊着："麦克斯韦，麦克斯韦！"追了一段路，她觉得不对头，他们不可能走得这么快，是不是没往这边走？她转回头来，又往回走，快到家的时候，碰上了约翰正从房中出来。两人都急着去寻找麦克斯韦。

此时，天渐渐地黑了下来，约翰吩咐所有的仆人都去找麦克斯韦。直到最后，一个仆人方在鸡舍的房檐下发现麦克斯韦正和一位村童蹲在那里出神地观看小鸡崽。看到爸爸来，他高兴地告诉爸爸："我想看看小鸡崽能不能和这只小鸟一样会飞，一样会点头。"原来，约翰给他做的玩具鸟，一拉鸟爪，小鸟的翅膀和头就会动起来。他还告诉爸爸小鸡崽唧唧叫，啄食、抖翅，在鸡妈妈身旁来回奔跑，尔后躲在鸡妈妈的翅膀下睡觉。约翰看见儿子如此顽皮，竟无一丝气恼。因为他发现儿子善于观察，乐于思考，是个好苗头，这对约翰来说是值得欣慰的事情。

麦克斯韦的母亲找到了儿子，一颗悬挂的心终于落下了。她搂住儿子一个劲地亲吻着："儿子，可别再乱跑，找不到你，爸爸妈妈多着急呀！"她嗔怪着麦克斯韦的淘气，想教训他一顿，可一看到儿子天真幼稚的神情，只好作罢了。

光阴荏苒，春华秋实，麦克斯韦的母亲教他读书、写字、背诗、作画，麦克斯韦有着惊人的记忆力，记忆字母单词过目不忘，背诵诗歌一两遍就能记住。记得他的母亲曾教他背诵弥尔顿的《失乐园》，给他讲述该诗的情节。

这首长诗叙述圣经中的撒旦反抗上帝，被上帝打入了地狱的故事。诗中撒旦性格刻画得有声有色，母亲朗诵时带有强烈的感情色彩。这种声情并茂的讲述，感染着麦克斯韦，他在背诵时也尽量效仿母亲的样子，声音抑扬顿挫，声调婉转，动作适度，感情饱满，对一些细节问题也不放过。这种教学方法渐渐养成了麦克斯韦细致认真的习惯，也培养了他对诗歌的兴趣，使他在8岁时就能背诵《失乐园》的许多章节和《圣经》赞美诗的全部诗句。他的父母为此也颇为得意，经常让他在亲朋好友面前表演一番，麦克斯韦也不负众望，常常赢得阵阵掌声和赞誉之词。

　　麦克斯韦的母亲是位十分了不起的女人。她受过良好的教育，有着较好的修养。每天操持家务，辅导麦克斯韦读书写字，一有空闲的时候，不是弹琴就是绘画。在他们家的图书室摆放着一个大画架和各式各样的画具。这天，她坐在画板前，拿起画笔，静静地画了起来。画面上很快显出了高耸的房子和树丛，别致的岩石，一只美丽的蝴蝶在含苞欲放的玫瑰花上飞舞，鸟儿啄食熟了的樱桃，藏着珍珠般的鹡鸰蛋的鹡鸰窠，周围还盘着常春藤的嫩枝，一张可爱的画。她全神贯注地画着，直到后来她才发现身后站着的麦克斯韦正睁大眼睛出神地望着画板，他对画板上五颜六色的图画很感兴趣，他对这些红红绿绿的色彩产生了奇异的联想。弗朗西斯询问道："麦克斯韦，好看吗？"

"太棒了！妈妈我也想学画画，和您一样画上各种各样的颜色，好漂亮呐！"

弗朗西斯开始一笔一画地教麦克斯韦画画，她发现儿子对色彩有着特殊的偏爱，红花绿叶总是涂得十分鲜明，常常还边画边问："天为什么只画蓝色的，黑色的不行吗？"手中的画笔不停地变换着颜色。那股认真劲也着实可爱。

麦克斯韦正是在文化氛围深厚的家庭中接受了良好的教育和熏陶，尽情享受童年的欢乐。他的更多的时间是在玩耍游戏中度过。他常常和村子里的伙伴上树捉鸟，下河捕鱼，或者在田间树林里一玩就是半天。有一回，他和两个小伙伴在树丛中玩，面对一列一队的大树争论起来，麦克斯韦说："这棵大树像个人似的，笔直的树干是人的身体，浓密的树冠是人的脑袋，树叶就像茂盛的头发，树杈像举起的手臂，树根就是脚了。"一个小伙伴说："你竟胡说八道，树就是树，怎么会像人呢？"另一个小伙伴也说："别发呆了，我们还是到那边去玩吧。"

麦克斯韦全然未听他俩的话，自己独自嘟哝，"它像人，还应有个鼻子和眼睛，在哪里呢？在哪里最适合呢？"他仰着脖子极力寻找着，另外两个小伙伴不耐烦地催促他："别傻看了，到那边柳树林里折个柳枝，削个哨子，吹哨玩多好啊。"说着拉着麦克斯韦的手就跑开了。这几个孩子就好像是放飞的小鸟，在林中蹦蹦跳跃，一会儿拣起一枚树叶，一会儿又拾起一个草棍，一会儿再踢踢脚下的石块，边跑小嘴还不停地说着："小石头别碍事，乖乖回到路边去。"突然，麦克斯韦想起了什么，他把自己的想法和两个小伙伴说了，小伙伴欣然同意。他们开始往自己的兜里装石块，每个人都装了满满的一兜子。他们回到了麦克斯韦家中，把小石块都装进了玩具马车里，他们拉着玩具马车，跑得可真开心呐！轮到麦克斯韦拉车，他一不小心，摔了个大跟头，自己摔得生疼生疼的，回头一看，石头撒了满地，他们边捡石头，边笑话麦克斯韦笨蛋，麦克斯韦撅着小嘴不服气，一定要与他们比比谁的本事大。望着一地石头，麦克斯韦说："石头摔也摔不坏，多结实呀，不如我们用它盖房子，看谁盖得最大最好。"

对，砌房子！他们说干就干，麦克斯韦挽着袖子、裤管，找来可用的木棒、草棍、绳子……把石块一块一块摞起来，大的平的方的铺在最底层，垒不住的地方就和点稀泥掺土拍上去，两只小手脏兮兮的，一直玩到吃晚饭。两个小伙伴因为房门没砌好，不玩了，都起身回家了。麦克斯韦不管别的，一心一意地琢磨，房门怎样砌才最合适呢？他一遍又一遍地推倒重砌，家里人喊他吃饭，他也不愿离开。性急的妈妈不得不拉着他的小胳膊硬是拽他回去。麦克斯韦囫囵吞枣吃罢晚饭，又盖他的小房子去了。

一日，约翰乘着马车要进爱丁堡城拉货，站在路边的麦克斯韦挥手与爸爸道别。一声鞭响，尘土飞扬，马车飞奔而去，麦克斯韦望着马车渐渐消失的影子，深深地记住了这雄伟壮观的一幕。此时，朝阳初升，红彤彤的不是十分耀眼，朝阳的余晖均匀地洒在庄园的屋顶、树木、原野上。一切都沉寂在柔和的朝霞里，奔驰而去的马车已经无影无踪了。麦克斯韦站在路上，眼睛眺望着马车远去的方向，愣着出神。突然他转身快跑起来，边跑边不停地看自己的手脚，摸摸脸蛋身体，然后再加快步伐，再看自己，十分不解，反复多次。最后，他气喘吁吁地跑回家中，上楼找到正在给衣服绣花的妈妈，上气不接下气地问："妈妈，马车跑得好快，一会儿就没影了，为什么呢？"妈妈放下手中的活计，给麦克斯韦擦去头上的汗珠，没有多想，顺口说："跑远了，自然就见不到影了。""我跑的也很远，很快的，怎么还有影呢？"这话把妈妈逗乐了，"无论你跑多远，自己的眼睛看自己的身体，视觉距离是一定的，所以总能看得到。""为什么？"又是一个"为什么！"麦克斯韦的父母经常听到这样的提问，麦克斯韦对什么事情都爱刨根问底，强烈的好奇心激发了他的求知欲望，不穷追到底绝不罢休。麦克斯韦纠缠了妈妈好一会儿，想让妈妈说个究竟。妈妈为了转移他的注意力，领他到阁楼上来，放飞笼中的几只鸽子，麦克斯韦高高兴兴跟随其后，一步一步上了楼梯，来到阁楼之上，庄园美景尽收眼底，远处成群的牛羊悠闲自在地吃草，仿佛蔚蓝天空中流动的白云，一群一群，飘游不定。妈妈说："好美的景致，羊群、白云何以分得出来呢！"一条笔直的大路一直延伸到远方，隐没在树丛之中。树林一丛一簇碧绿新鲜，山楂和红樱桃树十分醒目，盛开的野蔷薇点缀着原野。教堂的钟声响了，余音袅袅飘荡在庄园、村庄、原野……

麦克斯韦和母亲的登高远眺，使他对远处的物体认识加深了一层，离得越远见到的物体越小越不清晰，直到最后完全消失。对于近的物体总能看得见，自己看自己无论跑得多远，视觉距离是一定的，所以永远也不会没影。麦克斯韦转瞬间明白了这个道理，拍手蹦跳着欢呼着。天空中洁白的云彩仿佛也在为他高兴，变幻着形状，麦克斯韦又发现了这一变化，拉着妈妈的手说："妈妈，白云有脚，在自己走路呢，刚才还是在那边，现在过来了，还在走呢，妈妈你快看呐！"弗朗西斯抬头看着风卷流云，发现麦克斯韦的确是个细心的孩子，注意大自然的变化，嘴角上流露出欣慰的笑容。"妈妈，白云能不能飘到我们的头顶上，那该有多棒！"这回轮到妈妈不解了："白云飘过来，做什么呢？""我想把它摘下来，像剪羊毛那样，用它给房子剪个大外套，多暖和呀！"

多么奇异的幻想，又是多么幼稚好笑！弗朗西斯不知道这张闲不住的小嘴怎么总是有那么多的问题，这颗拨浪鼓般灵巧的脑瓜怎么装有这么多的神奇的问题！

"大树为什么朝天上长？"

"星星闪动是在眨眼睛吧？冬天和夏天的星星是一样多的吗？"

"蚂蚁为什么排队走？它们会说话吗？"

诸如此类的问题数不胜数，常常搞得大人们招架不住，约翰捋着自己满腮的胡须对儿子的勤学好问非常满意，总是用赞许的目光鼓励他。他看出自己年幼的儿子喜爱大自然，肯于动脑筋，他应提供一切可能的条件培养他、教育他，让他将来成为学者名人！

这是一年中收获的季节，丰收的喜悦挂在每个人的脸上，农民们辛辛苦苦一年换回了好的收成。作为庄园主的约翰·克拉克·麦克斯韦也想好好庆贺一番。约翰邀请了附近的庄园主、爱丁堡的亲戚朋友及爵爷夫人们前来做客，准备筹办一个盛大的丰收酒会。

一个秋高气爽、阳光明媚的日子，格伦莱尔庄园里里外外收拾得干干净净，客厅内添置了新的桌椅，擦拭得一尘不染，各种银器闪闪发亮，美丽的花瓶插满了各色鲜花，散发着浓郁的香气。应邀而来的客人们驾着马车陆陆续续地来到庄园。他们称赞着约翰的精明能干，夸奖着弗朗西斯的管家水平，使整个庄园到处井井有条，呈现一派生机盎然的景象。客人们纷纷进屋，入席落座。这时一位端庄潇洒的贵妇人来到庄园，嘴里喊着："詹姆士，詹姆士。"这是召唤麦克斯韦的。她是麦克斯韦的姨妈。她来到姐姐、姐夫跟前，一阵寒暄过后看见了麦克斯韦。她和她的姐姐、姐夫一样十分疼爱麦克斯韦，这次到来，特地给麦克斯韦带来了一篮子新鲜苹果。这篮苹果，透红透红的，新鲜圆润，十分馋人。麦克斯韦谢过姨妈，把苹果拿到手中玩耍，越看越喜欢，咬了一口，真好吃！抬头问姨妈："苹果为什么是红色的呢？"姨妈被这个突然的问题难住了，一时不知道怎么回答才好。为了摆脱窘境，她灵机一动，对麦克斯韦说："姨妈教你玩一样好东西，愿意试试吗？""太好了，太好了。"姨妈领着麦克斯韦到花园里吹起了肥皂泡玩。麦克斯韦看见吹出的泡泡，高兴极了，一个接一个地吹起来。姨妈以为这下解围了，谁知这个主意更糟糕，肥皂泡在阳光的照射下呈现出五颜六色的光彩，麦克斯韦又惊又喜，又向她提出了许多关于颜色的问题。姨妈只好笑笑说自己对颜色一无所知。

当她向麦克斯韦的父母讲述这个小插曲时，他俩哈哈大笑起来。约翰说，还是我给你讲一个小故事吧。麦克斯韦两岁的时候，我领着他在路上散步，一辆马车停在路边不走了。麦克斯韦问我："爸爸，马车为什么不走了？"我顺嘴答道："因为它走累，想休息一会儿。""不，它是肚子疼，不是累了。""不是肚子疼，是累了。""不是累了，是肚子疼！"他一口咬定，跟我争个不休，看着他那倔强的小模样，嘟哝着小嘴，把路人都逗笑了。

麦克斯韦的姨妈也跟着笑了起来，笑声洋溢在整个庄园。麦克斯韦在童年就对色彩发生了浓厚的兴趣，这一直伴他一生，后来他在科学研究中成功地运用色彩，解决诸如色彩三原色基本组分理论等许多课题。

说起色彩，人们知道是由物体发射、反射或透过的光波通过视觉所产生的印象，白色光是由七种颜色的光组成，即"赤橙黄绿青蓝紫"。人们认识颜色大都是从身边的环境开始的，绿树、蓝天、白云、鲜花……绚烂多彩。一般人除了感受各种颜色的赏心悦目以外，很少研究颜色究竟由什么组成的。即便看见雨后初霁的七色彩虹，也只是称赞大自然的美丽奇妙而已。麦克斯韦在感受着生命色彩美丽的同时，研究颜色内在的奥秘，虽然暂时他还不能解答，但在他幼小心灵的深处已经埋下了要解开奥秘的种子。

格伦莱尔的土地养育着麦克斯韦，乌尔河的泉水滋润着麦克斯韦。约翰经常领着儿子到河里捕鱼。这条小溪并不太深，清澈见底，光滑的鹅卵石密密麻麻遍布河床，阳光照射着小溪，闪烁着光亮，水底鹅卵石随着水波纹荡漾。潺潺流水，如诗如画。约翰脱掉鞋子，动手搬石头筑起一条小水坝，截住一部分水，把渔网架在下流，等待鱼儿落网。小麦克斯韦早已脱得光溜溜，在齐膝的水域洗澡玩耍，一会儿扎个猛子，一会蹬个"狗刨"，两只手也不停地拍打着水花，玩累了就躺在溪水中间的一块大青石上晒太阳。

"爸爸，溪水总是从北向南流，会不会倒流回来呢？"麦克斯韦抹抹满脸的水珠，问起了爸爸。约翰向他这边走来，也坐在大青石上，点起烟斗，一缕青烟从他的鼻孔中喷出。他慢悠悠地回答着儿子的提问："当然不会，水总是从高处向低处流，这是常识。""小鱼在水里是不是也从高处往低处游呢？""不，孩子，小鱼是四处游动的，怎样游都可以，它不会因为水流的不同而导致自己游向发生变化。水是鱼的家，在水里，它可以随心所欲。"

等到有鱼落网了，麦克斯韦在爸爸的帮助下，在小河边围个小水坑，将抓到的鱼放进去。麦克斯韦一边玩，一边观察，有时为了看得更仔细，甚至将鱼捞起来，放在手掌心里，看看鱼离开水究竟能怎样。这条可怜的鱼儿，嘴一张一翕，鱼鳃上下起伏，尾巴来回直甩，几个来回，搞得小鱼半死不活的。小鱼完全死了，漂上水面。"爸爸，鱼死了为什么漂上来呢？活鱼从来都漂不上来？"约翰想了想，才说："我想可能是因为鱼肚子里有鱼鳔，鱼鳔控制着鱼儿上下游动，死了自然就不管用了，所以就漂上来了。""是这样的吗？鱼鳔在哪里？我要看看。"为了不让儿子失望，约翰解剖了一条半尺来长的鱼儿，取出肠肚，找到鱼鳔，让麦克斯韦看清楚。麦克斯韦拿到鱼鳔放在水里，又飘了上来。他手舞足蹈，一下子搂住爸爸的脖子，"爸爸真了不起！我长大了也学爸爸。"约翰招呼儿子找来枯树枝在岸边生起火，用竿子串好鱼放在火上烤。烧得发焦的鱼散发着诱人的香味，父子俩大口大口嚼了起来，品尝着野味。这种乐趣，大概只有身临其境才能体验得到。

在麦克斯韦眼中，父亲是神圣的，是无所不能的英雄，是他心目中男子汉的偶像。他爱父亲，这爱从小就生根发芽；父亲爱他，这爱如山，坚实深厚，朴素无华，这爱似涓涓细流滋润幼苗茁壮成长。这深深的父爱在麦克斯韦8岁丧母后表露得更突出更淋漓尽致。

麦克斯韦的母亲要强的性格，使她过于劳累，她操持家务，教育抚养孩子。随着年龄的增长，她的身体状况不是很好，总觉得体力不支，弱不禁风，饭量也锐减，两只深陷的大眼睛越发显得憔悴。天气稍冷一些，她开始咳嗽，由轻及重，白皙的脸庞显出肺病患者特有的红晕。一阵一阵撕心裂肺的剧烈咳嗽，揪着麦克斯韦幼小的心。他害怕听到这声音，他堵上耳朵跑得远远的，不忍看见母亲被疾病煎熬的痛苦。他诅咒肺结核，为什么这不幸降临在母亲头上？抛下8岁的幼子，母亲又怎能忍心离去？肺结核这个病魔在19世纪时，得了它就是不治之症，就等于宣判了死刑！8岁的麦克斯韦对病的了解不是很多，但他从大人们的眼中，看到了绝望，知道母亲将不久于人世。怎能忘记那凄惨的一幕，那是母亲最后的一天。

病榻上的母亲大口大口地咳血，血从她那干裂的唇中喷出，仍是不停地咳嗽，失神的眼睛久久凝视着麦克斯韦和他的父亲，麦克斯韦害怕地依偎在父亲身旁，紧紧抓着父亲的衣襟。父亲的悲恸无以言表，颓废的神色，蓬头垢面，胡子凌乱不堪，他守在妻子身边已经不知是多少个昼夜了。他的努力，没能挽留住妻子的性命，没有制伏这肆虐的肺结核，他和妻子恩恩爱爱，相敬如宾，刚进中年就遭此劫难，他觉得对不起自己的妻子，他没能尽到做丈夫的责任。大滴的泪水流了下来，他哽咽着说不出话来，双手抚摸着爱妻的脸庞，理顺着她那秀美的金发，他多想把妻子从生命的死亡线上拽回来！然而，妻子带着对美好幸福生活的眷恋不舍，对丈夫儿子深沉的爱，对人生、命运不公平的安排无可奈何地闭上了双眼……麦克斯韦再也见不到慈爱的母亲了，母亲细致入微的照料，母亲谆谆的教诲，母亲的音容笑貌，所有的一切都随着母亲的去世而烟消云散了，母亲永远地离开了他！

　　失去母爱的孩子是不幸的，麦克斯韦童年的欢乐也是短暂的，母亲的去世，给他很大的打击。家里失去了母亲，也失去了往日温馨的气氛。餐桌上只有父亲、儿子各自默不作声地吃饭，只能听到刀叉相碰轻放的声音，燃烧的蜡烛诉说的不再是往日的柔情，而是今朝滴滴烛泪……

　　一向欢呼雀跃、爱发问的麦克斯韦变得孤僻了，他不再找昔日的玩伴，不再四处东奔乱跑，他最大的欢乐，就是形影不离地跟着父亲，给父亲当个小小的帮手，父子俩朝夕相处，相依为命，关系十分密切。

家教的影响

麦克斯韦的母亲去世后,他整天跟着爸爸跑前跑后的,遇到爸爸外出办事,不方便领他了,他只好一个人坐在门前的大树下,听听鸟儿唱歌,看看蚂蚁上树,要么就逗逗小狗——哈洛。哈洛最通人性了,感觉到小主人的孤独伤心,它一动不动地趴在小主人的身边,任凭主人抚弄,偶尔小主人高兴得扬扬手,它就一跃而起,摇头摆尾汪汪直叫,直到麦克斯韦拍拍它的脑袋,它才肯安静下来。哈洛成了麦克斯韦最好的伙伴,麦克斯韦很少到村庄里去和那里的小伙伴玩耍了,他不愿意听到人家喊他没娘的孩子。他也很少读书写字,没有人管束他,只有女仆玛丽负责他的饮食起居,整天无所事事。麦克斯韦的爸爸看到自己忙碌得照顾不了孩子,决定给麦克斯韦请个家庭教师,以免耽误了孩子的教育。

家庭教师是位30岁左右的小姐,有着一张清楚却毫不动人的脸,穿着整洁利索的黑色长袍,亚麻色的头发梳得光光的,一枚发卡别在耳后拢起垂下的卷发上。她主要教麦克斯韦拉丁语及绘画。第一天上课她对麦克斯韦说："从今以后我将教给你更多的知识，帮助你做好功课，你要做一个懂礼貌守纪律的好孩子。我希望你能够严格要求自己，按时完成作业……"麦克斯韦听着家庭教师提出的一大堆要求，产生了一种不情愿的心理："妈妈从来不这样要求我，不用这种口吻跟我讲话，请来她管束我，讨厌！"他看着家庭教师棱角分明的嘴一张一翕不停地讲着，他听不进任何一点内容。坐在椅子上他的两脚搓着地毯，手背在后边放在椅子上摆弄着手指玩。他的思绪早已飞出了教室，他想着和爸爸在一起的情景，尤其是去听爱丁堡皇家学会的科学讲座，真棒！19世纪的英国，自然科学发展很快，人们对科学技术日益重视起来。皇家学会的科学讲座总是门庭若市。约翰·克拉克·麦克斯韦是皇家学会的会员，他理所当然是其中的活跃分子，经常参加各种科学讲座，等到麦克斯韦长大，他发现儿子对自然科学感兴趣，就经常带领麦克斯韦出入皇家学会的科学讲座，使麦克斯韦从小就受到良好的熏陶。皇家学会在英国是科学家、学者、名人发表见解，进行科学研究的权威机构，能够在皇家学会上读论文、演讲是当事者的荣耀，标志着他们在科学研究领域的先进水平。能够参加学会活动的大都是达官贵族及各界要员。科学讲座有时需要凭票入场，如果是权威人士或科学名人主讲，那门票会更紧俏，比如，当时英国化学家戴维的科学讲演及实验曾风靡全国。参加皇家学会的活动，像麦克斯韦这样个头还没有讲台高的小听众的确不多。他就像科学大花园里的一只小蜜蜂，从小就汲取着甜甜的花蜜。他的眼界开阔了许多，对科学的兴趣越来越浓了，他忘不了一幕一幕科学讲座的情景，他渐渐熟悉了科学的讲坛。

记得约翰第一次领着小麦克斯韦去参加爱丁堡皇家学会的活动，他高兴得好像要过圣诞节。一路上，他哼着乡曲唱着小调，粉玉般的秀丽脸庞映着孩子的稚气，他收拾得漂漂亮亮，精神抖擞，和他父亲一样像位绅士。这对于他来说，不仅仅是单纯地听讲座，关键是他觉得新奇有趣。他那渴求新鲜事物的大眼睛一次次、一回回地闪烁着奇异的光彩。

皇家学会的大礼堂高大雄伟，尖尖的屋顶插向天空，宽敞明亮的大厅能容纳许多人，高大浑圆的柱子庄严威武，紫红色的天鹅绒的背景大幕显得那样庄严神圣，一张漆黑的长方形的讲台，等待着演讲者的光顾。当所有的灯光都集中在那里的时候，那里就是整个大厅的中心，所有人目光都将集中在那里。那里是神圣的殿堂，那里是科学家的摇篮，那里是麦克斯韦奋斗的方向。

台下的座位坐满了观众，他们都在焦急地等待着演讲快点开始，今天的演示内容是介绍意大利科学家伏打的发明——伏打电池。做演讲的教授终于出场了，他侃侃而谈，阐述着伏打电池的科学原理，他的精彩发言赢得了一阵阵的热烈掌声。紧接着就是实验演示，这是最吸引人的一部分。只见教授把从伏打电池两极引出的两根白金丝插入水中，从水中就冒出了许多气泡。把从阳极收集到的气体装在瓶里，这就是氧气。把刚刚熄灭的蜡烛，伸进氧气里，立即又旺盛地燃烧起来，放出耀眼夺目的亮光，比空气里的蜡烛要亮好多倍。教授把阴极一端收到的气体，装进一个铁罐里，用火焰靠近罐口，嘭的一声，铁罐像爆竹一样蹦得老高。这高超的表演使麦克斯韦看得入了迷，他一会儿惊讶，一会儿欢喜，一会儿又坠入了疑问的云雾，一会儿又云开雾散，豁然开朗。他一边看一边还在笔记本上做着记录，约翰就在他的旁边指导他，及时帮他解开疑问。正是约翰·克拉克·麦克斯韦的谆谆教诲，精心培养，才使麦克斯韦从小就热爱科学，迷恋科学，为他将来成为科学家打下了坚实的基础。

"詹姆士·麦克斯韦！请你重复我所讲述的内容。"麦克斯韦的思绪被家教的提问打断，他赶紧收神将注意力重新集中到老师身上，他看出老师已经发现了他没有注意听讲，正站在他旁边严厉地盯着他。他一开始还知道老师在讲拉丁语的语法结构，现在全然不知老师讲到哪里了，他支支吾吾地答不上来，低着头红着脸，眼角余光怯怯地扫了一眼满脸怒容的老师。"上课要注意听讲，精神要集中，作为一名学生要懂得基本的规矩……好了，我现在给你留个作业，你马上就做，把这个句子的语法结构划分出来。"家庭老师飞快地写下一个句子，送到麦克斯韦面前。麦克斯韦根本就不会做，他急中生智，倒想出个金蝉脱壳之计。

"对不起，老师，我想上厕所！"

"什么?！真是个坏习惯，一个懂礼貌守纪律的孩子怎么这么没教养！"

家庭老师数落着麦克斯韦的不是，麦克斯韦却不管三七二十一，拔腿跑出了教室。

呼吸着室外的新鲜空气，麦克斯韦感觉到轻松舒畅，这时哈洛从栅栏边汪汪叫着跑过来，一个劲地往麦克斯韦的身上扑，拦住他，想和他亲热亲热。麦克斯韦蹲下身来用脸贴着哈洛的脑袋，"喂，好哈洛，让语法课见鬼去吧，走，我们出去散散步。"

麦克斯韦想到可以不看老师那张冰冷的脸了，他领着哈洛到花园去了。坐在花园的石墩上，看着眼前花花绿绿的景致，他的心情无论如何也不像明媚的春光那样亮丽，触景伤情，他又想起了亲爱的妈妈。想着妈妈牵着他的手散步，想着妈妈摘下几枝鲜花插进他卧室的花瓶里，想着没有妈妈的陪伴，他竟然这样伤感。花儿开得这般娇艳，可知道麦克斯韦心中想念妈妈？采朵鲜花，给妈妈送去吧。他摘下最美的几枝起身要走，忽然间仿佛妈妈正从房门走了出来，依旧风姿绰约，神采奕奕。

"妈妈，送给你鲜花！"麦克斯韦奔跑着，手里挥舞着鲜花，张开手臂扑了过去。

"詹姆士，怎么去了这么长时间？什么？什么？你喊我什么？妈妈？"家庭教师出现在麦克斯韦的眼前。她来找麦克斯韦。听着麦克斯韦呼唤妈妈，她似乎一惊，意识到这个年少的孩子心灵深处眷恋着他的妈妈。不幸的孩子！一定错把我看成了他的妈妈了。她拍拍麦克斯韦的肩膀，安慰着他，一种下意识的母爱促使她不得不这样做。

麦克斯韦的确是错把老师当妈妈了，当他大脑高度集中的时候，竟然产生了幻觉，他太想妈妈了。

老师并没有再批评他，只是将他领回教室让他静静地坐了一会儿，并吩咐他可以随便看些什么，只是不要出去。

这件事情过后，家庭老师也并没有动什么恻隐之心，她仍是一如既往，教授知识，仍是十分严厉。从道理上讲，对学生严格要求并没坏处，但是过分严格可能会导致孩子怯懦、胆小，缺乏自信心，没有勇气，这可能会对孩子性格的形成造成一定的影响。这位家庭教师的失误之处不仅仅在于严厉，而且在教育方法上也存在着严重的不足。比如，语言课不能用生动活泼的语言讲解，单调呆板地读讲训练，没有一点灵活性和创造性，常使麦克斯韦觉得乏味，感到无聊透顶。语法课上语法分析，简单机械地重复，本来都已经学会，还要再练。上课搞得麦克斯韦无精打采，他感到憋闷窒息，本来学习知识是很有趣的事情，而麦克斯韦却觉得是沉重的负担。即使是他感兴趣的绘画，也提不起他一点兴致来。

这天的绘画是水彩花卉。老师和麦克斯韦将画架摆放在花坛边上。两个人都在静静地画。偶尔老师走到麦克斯韦身边指点几下。麦克斯韦的情绪并不太好。颜色涂得乱七八糟,他的心思也很乱。"作画时要心平气和,不可三心二意。"老师又在他身边聒噪。麦克斯韦心烦地丢下画笔,不画了。他看见自己的活动画筒,把它打开,将笔放进去,打开,关上,再打开,再关上,心不在焉地来回摆弄着。这只画筒也是约翰·克拉克·麦克斯韦为他制作的,它花了整整三天的时间,制作十分精巧,中间还有个小小的机关,一按筒下一个开关,放在里面的画笔便被自动推出来,十分方便。它是麦克斯韦心爱的玩具之一。

"你怎么这么不用心,真是贪玩,马上把画筒收起来,继续作画。"老师发现了麦克斯韦"溜号",严厉地训斥起来。麦克斯韦心里一惊,慌忙去拿画笔,一不小心,画筒被碰掉地上,画笔撒了一地。心爱的东西摔在地上,麦克斯韦心疼地去收拾。

"笨手笨脚的,不可救药。"老师听到响声,又呵斥起来。

麦克斯韦本来就心绪烦乱,心情极差,老师又如此不近人情刁难数落他,他真的受够了这种训斥!他愤怒了!他一伸手推倒了画架,又到老师那里,把老师的画板高高举起,重重地摔在地上!

这一举动,惊得家庭老师目瞪口呆,她无论如何也不会想到麦克斯韦竟会这样暴躁。这个平素看来怯生生的9岁男孩竟摔碎了老师的画板！

"粗野的孩子！没礼貌！缺教养！我要告诉你的爸爸，我不教了。"家庭教师气势汹汹地喊叫着。

"你可以收拾东西走了，我会禀告麦克斯韦的父亲！"家庭老师回头一看，发现了一位贵妇人正站在自己身后，她一定将眼前发生的一切都看到了。"夫人，这孩子的脾气实在太怪了……"

"你不用说了，教育孩子要从孩子的兴趣出发，善于引导，强迫孩子做任何事情，效果都不会好的。你被解雇了。"

来人正是麦克斯韦的姨妈。她目睹了事情发生的整个经过。她看得出这位青年老师缺乏经验，不适宜教麦克斯韦。她也发现麦克斯韦不再像从前那样天真可爱，而是性格孤僻怪拗。看样子，家庭教师对他的性格发展造成了深远的影响。

自从姐姐过世后，麦克斯韦的姨妈经常来看望他们，经常帮着做些家务。这天她来是给麦克斯韦送件新做的套装，碰巧赶上了刚才那一幕。当晚，她向麦克斯韦的爸爸禀告了此事。约翰听后十分震惊，但也无可奈何，只能如此了。

麦克斯韦偎依在姨妈身旁，话题又转到他的妈妈上来。麦克斯韦想念妈妈，扑在姨妈怀里呜呜地哭了起来。他想念妈妈，妈妈在那个阴冷晦暗的黑夜永远地合上了那双美丽安详的大眼睛。熬白的脸庞镌刻着她一生的辛劳，诉说着人生短暂的悲哀……母亲的早逝给麦克斯韦沉痛的打击，家教的不良影响又加重了他的不幸。

第二天一早，他随着姨妈来到墓地祭奠母亲。那催人泪下、感人肺腑的场面令人感动。麦克斯韦将一束洁白的鲜花放在母亲墓前，哭哑着嗓子叫喊着："妈妈，你回来吧，别撇下我！"他触摸着墓地那块冰凉的十字墓碑，泣不成声。旷野中风凄凄，雨潇潇，行人欲断肠，麦克斯韦久久地伫立在墓前，任凭风吹雨淋，头发一缕一缕地粘湿在前额、脸颊，青紫的嘴唇瑟瑟发抖，雨淋湿了外套，皮鞋上溅满了泥巴，他似乎在等待奇迹的出现……雾气霭霭的墓地是如此宁静，缥缥缈缈、隐隐约约之中，母亲仿佛轻轻走来，还是那样美丽，那样高雅迷人，她挥动着长长的丝巾走过来走过来……又消失在雨中、雾中……

姨妈紧紧地拥着麦克斯韦，她可怜这个不幸的孩子，她为孩子擦去泪水，撑起雨伞，悲痛笼罩在她心头，她多么希望能减轻孩子的悲伤!

　　孩子失去母亲,就像小鸟折断了会飞的翅膀,母亲的去世,带走了他童年的欢乐,他再也享受不到慈祥而伟大的母爱了,再也见不到母亲陪伴着他读书写字的情影了。读书,因为少了母亲的指点,而索然无味;朗诵诗歌,因为少了母亲的诵读,而缺乏诗的韵律;写字,因为没有母亲的把手教写,而总是不尽人意。他不再像一只喳喳叫的小鸟儿,总是欢天喜地的,遇到问题很少去问他人,常常一个人独自遐想。他不再去河边捉鱼、林间散步、树下玩耍……完全像变了个人似的。

　　姨妈的关心抚慰着他伤感的心灵,他渐渐体会到姨妈也像慈母一样对他关怀备至。他承受着失去亲人的痛苦,同时也感受亲人给予他无私的爱。这爱之最为深切动人的要算是父亲的爱!

殷殷父子情

　　约翰·克拉克·麦克斯韦是位学者,主要从事律师工作。他喜爱实用技术,尤其是建筑设计,曾亲自设计和监造自己的庄园。他有一双勤劳灵巧的双手,修缮房屋、剪除草坪、栽花种树、制作玩具甚至裁衣缝补样样会做。他学识渊博,思维活跃,做事不拘常理,性格敦厚粗犷,妻子信赖他依靠他,孩子敬佩他崇拜他。

　　作为律师,他工作起来得心应手,曾多次当众发表演说,深得赞赏。"他的确是位十分受人欢迎的人物,无论走到哪里都能引起大家的注意,他的热忱让人时时刻刻都能感受到。"一位熟悉他的人这样评价他。在一个凉爽的夏季,约翰和几位律师、爱丁堡皇家学会的会员探讨英国当时公众关心的时尚问题。他们坐在爱丁堡城中一个露天的咖啡馆激烈地争辩着。约翰·麦克斯韦饮了一口咖啡,放下了杯子,他慷慨陈词:"目前社会唯美的风气盛行,我们贤淑的女士讲究高贵华美,高高的发饰甚至进出马车都需低头许多,曳地长裙需时时用手提着,十分不便。而绅士们要高帽靴，文明手杖，仿佛只有这样，才能显示出高贵的身份。我认为服装更应生活化、舒适化才会得体大方。"

"不，不。"一位衣着华丽、神情傲然的人反对道："难道我们要和那些布衣百姓一样粗衣短襟、蓬头垢面于街市之上？如果是那样，我们还能够登上金碧辉煌的王宫大殿吗？还能谒见我们尊贵的国王女皇陛下吗？"

约翰·麦克斯韦来到花坛边做了一个动作，挺脖低头去摘地上种着的鲜花，脖子上的硬领子十分碍事。原来，男士们为了衬出外套的风采，都将内衬衣的衣领缝制的又高又硬，穿时需要浆洗，硬领上缀以金丝银丝的花边显示气派，可这既影响脖子的转动，实际上又不卫生，可虚伪的人们谁也没有提出过疑议，这种款式在英国十分流行。约翰·麦克斯韦挺直脖子的滑稽动作，配以丰富夸大的面部表情，逗得众人捧腹大笑。"这累赘的领子只配装装人的体面，毫无益处，对于这样的时尚还是不赶时髦为好。我们需要的是经济、卫生、适用、美观的服饰，华而不实，舍本求末不应该是我们所追求的。不适宜就该改革！"

约翰的雄辩赢得了阵阵掌声，这使他在类似的活动中成为活跃分子。后来他还成为爱丁堡皇家学会的会员，就更热衷于社会活动。这为麦克斯韦从小能接受科学的熏陶，出入科学的殿堂准备了条件。

麦克斯韦是独生子，父母从小对他就倾尽了全部心血，约翰·麦克斯韦更是爱之如掌上明珠。儿子每一个细微的变化，小小的进步都会令他喜笑颜开。他发现儿子智商不错，肯动脑筋，记忆力又好，所以还在麦克斯韦很小的时候就开始教他数数，学习数学知识。当儿子伸出白胖的小手，学着父亲的样子，逐个数着1、2、3、4……数一位，弯一个手指时，父亲的眼里闪烁着坚定执著的目光，他相信，这不起眼的1、2、3、4……如果是粒粒细小的沙石，那么，日积月累它将筑起高楼大厦！为了让儿子获得更为形象的记忆，能够流利地书写这10位阿拉伯数字，他还为儿子编成了儿歌："1像小棍，2像鸭子，3像耳朵，4像椅子，5像秤钩，6像豆芽，7像拐棍，8像葫芦，9像勺子，0像鸡蛋。"每当儿子边书写边背诵儿歌时，父亲就会竖起大拇指夸奖他"好儿子"。

麦克斯韦学会了数数就处处实践，林间散步，他数着一棵棵的树木，一块块石头；夕阳西下，他数着一头头归栏的牛羊；树下玩耍，他用草棍拨着搬家的蚂蚁一只、两只、三只……有谁能说这是一种无谓的劳动呢？正是这样的游戏才使麦克斯韦如鱼得水，在数学的海洋里任意遨游。游戏教会了他使用1、2、3、4……游戏也教会了他点、线、平面、角、圆……趣味引导他向更高深的定理定义发出挑战！科学需要引导，强拉硬扯不会出真谛，智慧之光需添加趣味的干柴才会燃起熊熊的火焰。

说起麦克斯韦对图形的认识，还有一个有趣的故事。那是麦克斯韦5岁的时候，有一天，约翰·麦克斯韦给儿子布置了绘画作业——静物写生，一个插满菊花的花瓶。淘气的麦克斯韦把菊花拔了出来，拿着玩耍，把菊花当做满天的星星撒了起来，那份开心和喜悦早已把爸爸的吩咐忘得一干二净。等爸爸回来，要检查他的画，他才想起来，怎么办？菊花都撕碎了，怎样照着画呢？他仔细想一想，信手画了起来，不一会儿，就给爸爸拿去看。约翰·麦克斯韦看着儿子的作品，边看边哈哈笑了起来。麦克斯韦愣住了，他生怕父亲怪罪他匆忙之中画得过于简单。原来，父亲看出他满纸画的都是几何图形：花瓶是梯形的，菊花成了大大小小一簇簇圆圈，还有一些奇奇怪怪的三角形，大概是表示叶子的。这些简练的图形画出了物体的大概轮廓，也显示了麦克斯韦对图形深刻的洞察力以及他在数学上的天赋。从这以后，约翰·麦克斯韦开始教他几何学。

就这样,约翰从最简单的1、2、3、4……起,到教他复杂的方程式运算,从基本的各种图形到教他几何题的逻辑推理证明,他培养了麦克斯韦对数学的兴趣,使麦克斯韦一生都与数学结下了不解之缘。

教育麦克斯韦,父亲可以说是呕心沥血。他教麦克斯韦基础知识,培养他举一反三、实际操作的能力,他常常出一大堆习题让麦克斯韦解答,这样的教育方式一直持续到麦克斯韦上中学以后。即使在中学,麦克斯韦回家后,他仍然布置很多习题,让他回校练习。

麦克斯韦母亲去世后,麦克斯韦的性格也变化了许多,他常常一言不发,不听劝说。他的小伙伴也疏远他了。父亲发现这一变化后,积极地诱导他安慰他。常常把他带在身边,以便能够减轻他思念母亲的悲伤。约翰也因妻子的早逝、过度的悲伤与劳累而苍老了许多,原来妻子所操持的全部家务都由他承担下来。他感到中年丧妻实乃人生之大不幸也,他深深地爱恋着妻子,他忘不了妻子临终的嘱托:一定要把孩子抚养成人!妻子的夙愿他铭记在心中,他担当起抚养教育孩子的全部重任。每天清晨,天还没有亮的时候,他就起床了,操持日常家务,常常是忙碌到深夜。他把尽心尽力照料儿子作为告慰妻子亡灵之举。他的双手越来越粗糙了，脸上的皱纹越来越细密了，只有坚毅的眼神透出男子汉的倔强和对命运的抗争，他要用自己的双手改变生活、创造生活！

他领着儿子像农民一样耕田、种地、灌溉、收割，他要教导儿子勤劳吃苦不畏艰辛；他扶着儿子骑上骏马，尽情驰骋在辽阔的草原，他要培养儿子坚强不屈的果敢性格；他为儿子亲手熬做麦片粥，香气扑鼻，味道甘美，儿子吃了一碗又一碗；他亲手缝制的衣服，舒适得体实用，儿子穿着精神抖擞，活动方便自如……父亲以他高贵的品质和高尚的情操影响着儿子，教育着儿子。常言道：知子莫如父。舐犊之情古今有之，它似涓涓细流潺潺不止，它似滚滚江河滔滔不绝！

失去母爱的麦克斯韦心情十分沉郁。这一年的圣诞节即将来临，他用双手支撑着下颌，坐在窗前，眼望窗外树木参天，冰天雪地，再看看室内，窗上的玻璃也有浓浓的霜，呵上一口气就融化了一片，哪里都是寒冷的世界，他伸伸小手搓了几下，又凝神想着心事。

前年的圣诞节，他还只有窗台高，还在淘气地涂抹着玻璃。妈妈告诉他，只要懂事听话，圣诞老人就会给他送来许多礼物。他已经穿好妈妈新做的漂亮服装，系上一只精致的蝴蝶领结，高高兴兴地站在窗前，希望能够看到圣诞老人的来临。他等啊等，圣诞老人还没有到，真急人呐。他跑去问正在忙碌准备着晚餐的妈妈。妈妈笑着告诉他，孩子，圣诞老人专门等到孩子熟睡以后，从房子的烟囱爬进来，顺着烟道走进孩子的房间，把圣诞礼物——糖、水果、本、笔、小动物……悄悄地放在孩子的靴子或长袜里，然后悄然而去。好孩子得到的礼物会很多很多。麦克斯韦想到还要再等上一夜，急性子又上来了，非吵着现在要圣诞礼物不可。正在这时，有人敲门。麦克斯韦兴致勃勃地去开门，呀！圣诞老人真的来了！

"妈妈，圣诞老人来了，快来看呐！"麦克斯韦再也按捺不住心中的喜悦，欢蹦乱跳地拍手叫妈妈。

圣诞老人戴着厚厚的皮帽子，穿着五颜六色的衣服，拄着一支拐杖，花白花白的大胡子飘洒前胸，肩上背着一个大口袋。圣诞老人压低了声音对麦克斯韦说："小朋友，我是圣诞老人，给你送礼物来了，不过我先要问你几个问题，回答正确了才能得到。"

麦克斯韦睁大惊奇的眼睛，频频点头。

"我知道，你叫詹姆士·克拉克·麦克斯韦，今年只有6

岁,你平时最爱吃乳酪、糖和甜饼,今天我都给带来了。不过你前两天做错了一件事,把妈妈的丝巾偷偷地拿了出来系在女仆玛丽的腰上,还让她陪你玩骑马,害得玛丽哭着向你妈妈告状,你却说没干此事。是这样的吗?"

麦克斯韦认真听着圣诞老人的话,脸不由自主地红了起来,羞愧地低下头。他还纳闷:圣诞老人怎么全知道呢?

圣诞老人清了清嗓子又说道:"不过知错就改才是好孩子,我相信你会改正的,对吗?"

麦克斯韦使劲地点点头,表示自己一定会改的。

圣诞老人笑呵呵地从背后的大口袋里掏出了各种礼物,都是麦克斯韦最喜欢的。麦克斯韦高兴得把它们都接了过来。圣诞老人又来到客厅的圣诞树前,又给它挂上了许多彩条,系上了糖果。圣诞老人做完这一切,提着大口袋要走。临行说道:"好孩子,听父母的话,认真学习,明年我还会给你送圣诞礼物的,再见!"

麦克斯韦极有礼貌地跟圣诞老人告别。他多么希望圣诞老人能多待一会儿。他恋恋不舍地挽留圣诞老人能否再留下来和他们共进晚餐。圣诞老人说还要给别的小朋友送礼物,就哈哈大笑着离开了。

麦克斯韦的母亲将所发生的一切都看在眼里，她不动声色，给儿子留一个圆满的惊喜。过了一会儿，麦克斯韦的爸爸回来了。麦克斯韦急忙向爸爸叙述了刚才发生的一切，同时还埋怨爸爸没有早点回来，没见到圣诞老人。

麦克斯韦的爸爸兴奋地听着儿子的述说，高兴得合不拢嘴。当他的目光与妈妈的眼神相遇时，两人会心地笑了。直到过了很长时间，有一次，妈妈无意说走嘴了，麦克斯韦才知道，圣诞老人是爸爸装扮的！

今年的圣诞节快到了，爸爸还会扮成圣诞老人吗？爸爸能不能忘记给他送礼物？家里还能像以往那样吃圣诞晚餐吗？如果只有我和爸爸两个人，那将是多么冷清啊！麦克斯韦心里七上八下地胡乱地想着。

他看到爸爸从大门回来了，就匆匆忙忙出了房间，跑下楼，来到客厅。爸爸拿回来好多东西，抱了一大包。麦克斯韦帮助他都放了下来。"詹姆士，现在我们两个准备圣诞晚餐，一会儿要开个晚会娱乐一番。"约翰一边忙碌一边对他说。

"爸爸，就我们两个人准备那么多干吗？"

"丰盛一些才会有圣诞气氛"。约翰把东西都拿到厨房里，麦克斯韦也跟着爸爸，帮爸爸递东西打下手。约翰让麦克斯韦把家里只有客人来时才使用的蓝花细瓷碗都拿出来，逐个洗刷干净，盛上奶酪、甜饼，又用一只大盘子装满新鲜的牛羊肉。好几副刀叉都洗得铮明瓦亮的。麦克斯韦按照爸爸吩咐一一做好，他想，如果妈妈还在那该多好啊！

"詹姆士，快找出一只盘子，将这只烧鸭装上"。爸爸的手里正提着一只烤得焦黄、鲜嫩可口的烧鸭，鸭身上还滋滋地往下淌油呢，那扑鼻的香气十分诱人。麦克斯韦看着鸭馋得快要流出口水了。烧鸭装好了，麦克斯韦把一把刀插到鸭身，又看看爸爸，没有偷嘴。

"詹姆士，圣诞快乐！圣诞快乐！"一阵热闹的祝贺声从门外传来，麦克斯韦开门一瞧，是叔叔、姨妈和表姐露西来了，他们纷纷送上了自己的圣诞礼物。原来他们都是来过圣诞节的，怪不得爸爸准备很多食物。露西告诉麦克斯韦说是担心他会觉得孤单，因此，大家才应邀来他家过节。麦克斯韦明白了，这一定又是爸爸的主意！

在露西演奏的欢快乐曲声中，麦克斯韦唱了一首歌，他愿这快乐能与大家共同分享。这个圣诞节他终生不忘！

冬去春来，又到了一年的秋季，麦克斯韦的个头又高了许多。在爸爸的宠爱下，小家伙变得又任性又淘气。上树掏鸟窝，下河捉鱼虾，整天在野外调皮疯跑。有一天傍晚，他在树下玩，数着归巢的小鸟落在枝头。他发现鸟妈妈和小鸟唧唧喳喳交颈而谈非常亲热，顿时生出妒嫉心理，心想：人家都喊我没娘的孩子，再也不能和妈妈在一起了，而你们却欢声笑语，嬉闹玩耍，这分明是在气我！越看鸟儿们越像朝他示威。他猛地张开双臂轰赶枝头的鸟儿，嘴里大声叫喊："滚开！"鸟儿并没发现树下充满敌意的孩子，仍然若无其事。气恼的麦克斯韦拣来一块石头扔向他们。这时鸟儿们才惊慌飞起，四处逃窜，树枝哗哗直响，飘下几片树叶漫不经心地落在麦克斯韦脚边，他用力踢去，仿佛要把所有的不快全都踢得干干净净……这一脚实实在在踢了出去，却踢在了脚下的大石块上！"哎哟！疼死我了"。踢伤脚的麦克斯韦一屁股就坐在了地上，抱着脚哇哇地哭了起来。他哭自己没有了妈妈，不能再在妈妈的怀里撒娇，他哭脚趾钻心的疼痛，殷红的鲜血顺着脚趾甲流了出来。爸爸要等到天黑才能回家。麦克斯韦瘸着脚，一步一步往家的方向挪着。

　　天上的星星已经隐隐约约地出现了几颗，眨着扑朔迷离的眼睛，静悄悄地俯视麦克斯韦的不幸。星星若有情也会为麦克斯韦悲伤落泪。他哭了一阵子，抹掉脸上的泪痕，抬头仰望星空，蓝黑的天底，星星渐渐多了起来，他又想起小时候围在妈妈的膝下询问"冬天星星多还是夏天星星多"的情景。不禁触景伤情。满天的繁星做证：妈妈，我多想你！

远处传来马车铃铛的响声，不一会儿，哈洛汪汪叫着跑近来了。爸爸紧随哈洛身后找到了麦克斯韦。他抱起了受伤的儿子回到家里，匆匆忙忙翻出跌打药膏，轻轻地为儿子洗净脚丫，生怕碰伤了脚指头，小心翼翼地抹上了药膏。一切处理完毕后，抱着哭红眼睛的麦克斯韦回房间休息。

深夜，约翰仍守在麦克斯韦的床边，他摸着麦克斯韦发烫的额头，眉头紧锁。他吩咐玛丽一块一块地换上冷水毛巾敷在麦克斯韦的头上。麦克斯韦的嘴唇鼓起了一圈水泡，脸庞烧得通红通红的。他听到麦克斯韦好像在迷迷糊糊说着什么，听不清楚。

约翰焦急地看护着麦克斯韦，希望病情能有所好转。他轻轻地呼唤着儿子的名字，并没有回音。约翰不再犹豫，下楼骑马乘着满天的夜色去请医生！

当约翰大汗淋漓地请来医生替麦克斯韦看完病时已是午夜时分了。殷殷父子情，是什么能够割舍得开的呢？

退了烧的麦克斯韦渐渐地平静下来进入了梦乡，发出了轻轻的鼻息声。约翰注视着日渐消瘦的儿子，一股心酸涌上心头，妻子的早逝，自己奔波忙碌于工作，顾不上孩子，年幼的麦克斯韦受了多少委屈呀。一想到这里，约翰就一阵阵伤心，抚摸着墙上妻子的画像，默默无语，妻子柔情相望似乎也想说些什么。"一定要把孩子抚养成人！"妻子的嘱托又在耳边萦绕。是的，麦克斯韦已经10岁了，已经到了上学的年龄，送麦克斯韦上学吧。

倔强的"丑小鸭"

约翰·克拉克·麦克斯韦终于决定送儿子上学了。他要让儿子接受正规的学校教育，要有知识，懂礼仪，做彬彬有礼的绅士，过上等人的生活。这在当时也只有贵族或有产阶级才能做到。更重要的是，他希望儿子将来能像自己一样成为学者、律师或工程师，像自己一样博学多识或者超过自己，成为能够出人头地的人物，继承家族的荣耀。

苏格兰的冬天并不讨人喜欢，常常阴雨连绵，雾气浓浓，有时夹杂着狂风怒号，十分寒冷。约翰为儿子奔波了好些天，准备上学的东西，如衣物、洗漱用具、学习用品等，这些东西有的是在爱丁堡集市上买的，有的是他个人亲手制作的，他要为儿子准备齐全，不让儿子受到任何的委屈或受到别人的嘲笑。

他忙碌了整整一天，晚上回到家中，来到壁炉旁边，烘烤冻得发硬的手指，还不时地打着寒噤，思考着是否还差些什么。他已经和爱丁堡中学的校长见过面了，准许麦克斯韦学期中间插班。一切都已经准备妥当，现在唯一要办的是送儿子去学校。明天一早就出发。他吩咐让麦克斯韦早早睡下，别耽误了明天起程。

第二天，天色未明，约翰就已经起床了。吩咐仆人准备好行李、马车，随时出发。麦克斯韦也为今天能踏进学校而兴奋不已。他早早起身，穿好活动自如的紧身服，戴上最漂亮的帽子、手套，来到镜前左照右看是否有不妥之处，又调皮地朝镜子做了一个鬼脸，心里想着："学校的老师是什么样子呢？会不会像家庭教师一样刻薄古板？上帝保佑，愿我能遇上一个好老师，最好像妈妈那样。"他偷偷往书包里塞进两样玩具，一是陀螺，二是活动画筒。这是他最心爱的两样宝贝了。谁和我最要好，我就和谁玩。他又放进一本古典诗集，喜滋滋地下楼去了。

早餐麦克斯韦吃得很香，一杯牛奶、两块奶酪和一个鸡蛋。他要精力充沛地去迎接入学的第一天。当太阳从东边的地平线升起的时候，麦克斯韦和他的父亲已经驾着马车出发了。麦克斯韦此刻的心情就像马车的铃铛一样欢快无比。刺骨的寒风不时吹进马车，石子铺的路面冻结了一层薄薄的冰，路两旁的灌木一排一排闪过眼前，远处是白茫茫的一片云雾，太阳模模糊糊，泛着浅浅的白光。不久，他们的马车驶进一座大院落，四周高墙围护，院子里冷冷落落的，没有行人。约翰抱下麦克斯韦，两人走进学校。

这是一幢很高的古典样式的楼房，上面有很多窗子，显得这座建筑物十分宏伟气派。门口出来一位妇女询问道："是麦克斯韦先生吧，请跟我来。"他们跟着这个女士穿过楼内大厅和长长的走廊，来到校长室。

校长是位体态魁梧的高个子的男人，高高的鼻子，络腮胡子，说话如铜钟一般洪亮。麦克斯韦躲到父亲的背后，怯生生地看着他。校长伸出手来爽朗地说："欢迎你，詹姆士·克拉克·麦克斯韦，这里就是你的学校，希望你喜欢它。"他叫来了史密斯夫人，交代了把麦克斯韦插进她的班级，可以领他上课了。

史密斯夫人是一位风度极好，谈吐文雅，举止庄重的中年妇女，神情略显严厉。麦克斯韦以一种敬畏的心情，跟随着她到了一间大教室。这间大教室面积较大，约有六七十人，都是与麦克斯韦年纪相仿的孩子们，他们咕咕嘟嘟背诵着什么，屋子里一片嘈杂。

有一位梳着浓密黄色卷发的瘦高个子的男孩，正和另两位男孩打闹，将书本扔来扔去，掉到了地上。麦克斯韦站在教室最前面的中间位置，许多双眼睛转向这位陌生的新同学。有些人开始交头接耳地议论起来。麦克斯韦站在那里不敢抬头,两手不停地搓着,他摘下手套,脚底也不自觉地挪动起来。"安静,请大家安静下来!"纪律的约束起了作用,史密斯夫人开始向大家介绍新来的同学。

麦克斯韦长着一头好看的弯曲的黄发,有几绺盖在饱满的额头,炯炯有神的大眼睛始终凝视着地面,偶尔抬眼看看大家,两颊已露出不自然的绯红,耳朵也好像热得发胀。麦克斯韦从来没有过的紧张……他穿了一套紧身衣服,黑色的风雪斗篷已经解了下来搭在胳膊上。同学们注意到这位新生的确与众不同,他除了那斗篷没有穿外套,紧身衣服简便、自然,并且也没有戴折叠的饰领,脚上穿着羊毛长袜和乡下孩子才穿的鞋子。这鞋是他的父亲亲手制作的,大约为了缝合方便,皮鞋头是方形的,鞋帮上还装有金属铜扣。

教室里有人开始挤眉弄眼,搞小动作,刚才那位打闹的瘦高个子男孩做了一个鬼脸,吐吐舌头,不屑地嘲讽道:"乡巴佬!"还有人窃窃私语或交头接耳:"瞧,他的衣服没有饰领,多难看!""皮鞋上有纽扣,哟!还是方形头!"这纷纷的议论如针一般刺痛了麦克斯韦幼小的心灵。对学校的向往,对同学们抱有的美好幻想全都烟消云散了。他感到了屈辱，感到了被人瞧不起，他的眼泪差点没流下来。他真有些后悔走进这间教室，如果可能，他恨不得钻进地缝中去……

麦克斯韦一声不吭，听凭史密斯夫人将他安排到最后面的位置。他的害羞和胆怯使那个淘气的男孩觉得好玩，进而越发嚣张起来。他伸手拉住了麦克斯韦紧身衣上的腰带，差点把麦克斯韦绊个跟头。其他的同学哄堂大笑。史密斯夫人赶紧制止了这个恶作剧。

坐在座位上，麦克斯韦很久才平静下来。面对周围陌生的脸孔，他无所适从。他开始想父亲，想父亲分手时的嘱托：和老师、同学们友好相处，等等。而眼下同学们都讥笑他，仿佛他是一头怪物，真让人难过。入学的第一天他没有听进任何一点内容，只是呆坐在后排的角落里默无声息。

爱丁堡中学的课程有拉丁文、英文、法文、神学、历史、地理、数学、物理、绘画、劳动等许多内容。每天学生们的活动安排得满满的，但也是井然有序的。

清晨，当第一遍钟声敲响的时候，学生们开始起床、穿衣、洗漱。半小时后，大家排好队，成双成对地走下楼梯来到教室里祷告，每个人手中都拿着一本类似《圣经》

的书，高声诵读着里面的章节。屋子里顿时喧哗起来，嗡嗡声四起。

大约一个小时左右早餐开始。早餐很简单，每人一份，由于定量定份的缘故，总有调皮的学生多拿别人的那份。有两个男生嘀嘀咕咕商量好后喊道："皮埃尔，好了吗？"皮埃尔就是那个瘦高个子的男孩。他横着肩膀装作没看见的样子撞了麦克斯韦一下，趁麦克斯韦愣神之际，那边的淘气学生将麦克斯韦的奶酪偷着拿跑了。麦克斯韦新来乍到，本来胃口就不太好，这回可好了，省得吃了。麦克斯韦看出了他们的不友好，十分气愤，想发作但一想到刚刚入学就惹是生非不太好。唉！算了。他忍了忍，悻悻地独自一人来到了教室。

教室的两端是壁炉，已经生起火来了，暖烘烘的，他悄悄地回到自己的座位上，等待着老师来上课。

昨天夜里麦克斯韦怎么也不能入睡，显而易见，他还不适应学校的学习和生活。他的眼睛布满了血丝，神情也略显疲倦。他出神地望着壁炉内炉火恬静地燃烧着，闪着蓝色的火苗，他的思绪又飘回了格伦莱尔庄园。那充满奇趣的乡间小路，调皮的麻雀，树下美丽的瓢虫，勤劳的蚂蚁，总是跟随在左右的小狗哈洛……他想起了死去的妈妈，妈妈那光洁颀长的脖颈，光亮的辫子和额前时髦的卷发。他忘不了妈妈教他背诵诗歌，给他讲有趣的故事……他又想起了爸爸，他是他唯一的亲人了，他崇拜爸爸，他忘不了爸爸勇敢坚定的神情，爸爸在他眼里简直就是英雄！离开爸爸，他忽然觉得无依无靠起来，他诅咒这该死的学校，他恨不得马上回家才好。在这里，他仿佛是一只"丑小鸭"，处处挨啄，不受同学们欢迎，不被大家理解。

　　上课的铃声打断了他杂乱无章的回忆。沸沸扬扬的教室也变得鸦雀无声。一位右胳膊下夹着讲义的中年男教师走进教室。笔挺的黑色外套，袖口、领口缝着宽大的皮毛，高筒硬底皮靴压得地板吱吱直响，满面红光，一只硕大的鹰钩鼻子，两只鹰一般犀利的眼睛，闪烁着智慧之光或者说是寒光。望着男老师严厉的面孔，麦克斯韦不寒而栗，他感到窒息和失望。这位就是麦克斯韦的数学老师。

　　数学老师讲起课来一板一眼严谨认真，没有一句废话。他讲的内容是关于加减乘除四则混合运算的。他讲得很耐心和细致，对运算的法则他要求学生们熟记在心，他不停地用法则解决实际算题，认真地演算着每一个步骤。可是还是有许多学生不断地提出各种各样的问题。麦克斯韦望着黑板，心想：这些内容爸爸都教过我，太容易了。看情形，数学课不会有什么困难。想着想着，他的情绪稳定了许多，思绪也渐渐地回到数学课堂上了。他发现在老师严厉的外表下有着温文敦厚的心肠，他生怕讲得学生不理解，就极尽通俗、简捷的语言，把问题讲得深入浅出。麦克斯韦的胸中涌出一股热流，那是对老师讲课淋漓尽致的一种感悟和喜悦。在数学的殿堂里有这样一位谆谆善诱的导师，他能不兴奋吗？数学，这门迷人的自然哲学在麦克斯韦眼里是最神圣的科学，那神奇的1、2、3、4、5、6、7、8、9、0所变幻的任何形式的组合，都像磁石一样吸引着麦克斯韦的注意力。他任凭思维驰骋，在数学王国里寻找着通向顶峰的路。

数学老师并没发现坐在后排的麦克斯韦听得津津有味，明亮的眸子闪着奇异的光芒。他仍是按部就班地讲解着习题。直到下课铃响了，他夹着讲义像来时一样，径直朝办公室走去。在这以后的许多日子里，这位老师也没有在意，他的学生中有一个叫麦克斯韦的，数学是如此出类拔萃，以至于后来让他大吃一惊。

数学老师在麦克斯韦心中留下了较好的印象。他愿意接受老师的思想、理论，在以后的学习中，麦克斯韦一丝不苟地认真钻研，仔细领会老师讲的每一个公式，每一个定义，悉心琢磨。但是当他遇到困难或不容易理解的问题时，他本想找老师探讨一番，可是一碰到他那双冷冰冰的双眼，就如同泄气的皮球一样，一点勇气都没有了，只好回家问爸爸了。

上完数学课，麦克斯韦的情绪好多了。第二节课是英国历史。讲述的是查理一世时期英国的社会、政治、经济、文化发展等状况。麦克斯韦仔细听着课，觉得很有意思。女教师绘声绘色地讲课，大家都着了迷。她那丰富的表情左右着同学们的喜怒哀乐。这个女教师充分发挥了课堂生动活泼的特点，学生们可以随时随地提问，她高兴作答。她也喜欢提问学生，倾听他们的意见。她的课体现着教学相长、互相渗透的教学方法。看来大家也非常喜欢她这个人。的确，她那朴实的微笑和文质彬彬的仪容让人觉得十分亲切。她在班级里前前后后走了几个来回，来到麦克斯韦跟前，她发现了这个陌生的面孔，判断出一定是个新生。一种新鲜的感觉促使她想了解一下这个新生的学习情况，于是她向麦克斯韦发问了："请回答查理一世最大的功绩有哪些？"

麦克斯韦吃了一惊，心怦怦跳个不停，他还从未当着这么多人讲过话呢！他慢慢站起身，整理一下思路，准备回答问题。但是不知道是紧张还是第一次的缘故，他结结巴巴半天也说不出话来。"查理一世……最……最……大的功绩……"话音未落，整个教室一片哗然，仿佛沸腾一般。这把麦克斯韦搞得莫名其妙，傻站在那里不知所措。

皮埃尔首先蹦跳起来，怪声怪气学着麦克斯韦的腔调："查理一世……"还有的笑得前仰后合，直不起腰来。麦克斯韦感到大家是在笑他说话，笑他结巴，笑他浓重的乡土味！

在众目睽睽之下出这样的丑，他感到无地自容、自形惭愧，为什么只有我与众不同！他们为什么不能容忍我一丁点儿的失误与不足?！愤愤不平的麦克斯韦暗地里捏紧了拳头！而此时，那位端庄典雅、圣母一般的女老师竟也忍不住"扑哧"一声笑出声来。这更加刺痛了麦克斯韦的自尊心。"乡巴佬"、"土气鬼"、"怪腔调"这一串形容词逐个在麦克斯韦的脑子里闪现出来。就因为自己是乡村里长大的孩子就应该受到如此不公的待遇？自己的腔调究竟妨碍着他们什么了？竟然招致如此疯狂的嘲弄？使得麦克斯韦走进这所学校所说的第一句话就遭此不公的待遇？他真的想不通，涨红的脸烧得滚烫，撅起的小嘴没有再发出任何声音，眼泪在眼圈直转悠，转了几圈，他极力忍住，还是扑簌簌地落了下来……

女教师示意他坐下，不必回答了。讲课继续着。

麦克斯韦如坐针毡，他盼望着早点下课，马上结束这恼人的场面，他再也无心思听课了。这时一张小纸条悄悄地递到他的桌上。他定了定神，仔细一瞧，上书："麦克斯韦，朋友，别气馁，乌云过后天总要晴的，别在意，我们永远都是好朋友。"落款是：L·坎贝尔。

L·坎贝尔，他是谁？不认识。他为什么关注我？麦克斯韦巡视一遍，看到中间左边一位长着白皙、洁净面孔的孩子正朝他笑呢！他做了一个可爱的手势，将手放在唇边，做出一个"嘘——"声的动作。麦克斯韦感激地点点头。

中午时分，学生们有段空余时间自由活动。有的读小说，有的洗衣服，有的打闹嬉耍，有的聊天扯皮，有的到户外活动。麦克斯韦自从到学校后还没有好好看看学校的全貌呢，他利用这段空隙，披上斗篷独自一人悄悄地来到校园另一侧。

这里好像是一个大花园。周围围着栅栏，走进园门，先是长长的走廊，两边是形状各异的花坛。因是寒冬腊月，没有一丝生命的迹象，残草败柳，枯树干枝。今日，没有往常瑟瑟寒风，花园里显得十分宁静，但也越发荒芜凄凉。地面上有些地方结成了薄冰。由于没有风，麦克斯韦感觉不是很冷，但踩在冰上很滑。

他从衣袋里掏出了陀螺，右手拧住陀螺上端，顺时针一使劲，陀螺稳稳地在冰上转动起来，陀螺尖尖的头先是在原地转动，然后再向其他方向缓慢移动，用劲大，陀螺转得就快，越快越稳，它需要有个力不断地作用它。麦克斯韦又掏出一个小鞭子，不停地抽打着、抽打着，让陀螺使劲转呀转……

麦克斯韦想起第一回玩陀螺的情形。那是他在庄园里和小朋友玩，他认为小伙伴的陀螺太神奇了。他闹着爸爸也给他刻一个。他开始玩的时候怎么也玩不好，陀螺转几下就歪歪斜斜地倒下了。于是他爸爸又给他扭了一个小牛皮鞭抽打它。真灵！省劲多了。随着时光的流逝，上学前麦克斯韦的玩具也丢得没剩下几个了。唯独这个小陀螺和另外一只活动画筒，他始终没有丢弃过。高兴的时候，他拿出它来越玩越兴奋，越玩水平越高；孤独的时候，他也玩它，看着它高速旋转，思绪也随它旋转跳跃，不知不觉忘掉了忧愁烦恼。

麦克斯韦玩着玩着想起上午发生的一切,他感到委屈。同学们都不理解他,认为他是一个格格不入的人。城市、乡村真的有那么大的差别吗?小的时候我和农庄的小伙伴玩,爸爸妈妈从来也没有说过我呀?这差别不能弥合吗?到学校来都是为了接受教育,都应当享有平等的权利,同学们为什么那么耻笑我呢?麦克斯韦越想越恼,狠狠地抽打陀螺。心中暗暗思忖着:"要是有人再敢欺侮我,我一定以牙还牙,让他像这个陀螺一样!"他把愤怒都发泄在陀螺上,狠狠地抽了一鞭子,陀螺却不情愿地蹦了几蹦,歪倒了。

"玩得挺好的,干吗发那么大脾气?"麦克斯韦回头一看,是那个在课堂上递给他纸条的坎贝尔。他不知什么时候悄悄地站在麦克斯韦身后,正笑眯眯地向麦克斯韦发问。

"这样冷的天,出来就要多活动,否则就会被冻僵,你总是站在那抽打陀螺,脚不觉得冷吗?"坎贝尔使劲地跺着脚对麦克斯韦说道。

麦克斯韦看着他冻得煞白的脸,两只可爱的蒜瓣牙,可以看出他不是十分强壮,但却文静大方。"谢谢你上课时的纸条,它使我知道至少有你是欢迎我的。"麦克斯韦伸出右手轻轻地握了握坎贝尔，由衷地说道："这里的老师、学生和我想象中的大相径庭，没有友爱和温良。"

"他们就是这样，不在意你有没有修养、文化，每天关注你的扣子系好了没有？你的笔是不是最好的？还有，比如你的口音。"

一提起口音麦克斯韦勃然大怒，愤愤说道："我长到10岁，我的父母、亲戚、朋友乃至仆人没有一个人笑话过我，没有一个人挑剔过我，难道我说的话他们听不懂？"

"哪里会有什么听不懂的，只是不习惯罢了，班级里横行霸道的还不是以皮埃尔为首的那几个人吗！他们惹是生非，其他人也不制止，反而跟着瞎起哄，助纣为虐。"

"你也讨厌皮埃尔？"

"当然，刚入学的时候，他看我的门牙比较大，就喊我兔瓣牙。我想还击，就伸胳膊挽袖子，谁知这样一来他非要和我比试一番。他一伸胳膊我就后悔了，我的胳膊比他细多了，他用力一摔，我一个趔趄，跌倒在地，屁股疼了好些天呢！同学们都跟在他身后狗仗人势地起哄，没人理我，我恨透皮埃尔了。他还动辄要我的文具，撕我的本子，如果不依他，又要以拳头相威胁。"坎贝尔无可奈何地诉说着皮埃尔的种种不是。

"可恶的家伙！看我以后怎样收拾他！"麦克斯韦暗暗发誓要报这"一箭之仇"。那架势大有不共戴天之势。

两位同病相怜的小伙伴极对脾气，发泄着对皮埃尔的不满。共同的遭遇，共同的心态把两个孩子的心贴得更近了。此刻上课的铃声响了，坎贝尔拉起麦克斯韦撒腿就跑，边跑边说："糟了，上课迟到，要罚站打板子的，快跑！"

一跨进教室的门，麦克斯韦就看到史密斯夫人威严地站在讲台上。"麦克斯韦，你刚刚入学，要养成严守纪律的好习惯，要准时上课……"麦克斯韦的脑袋嗡嗡直响，他仿佛又看到了家教那严厉的面孔。他不知老师会如何处罚他。

"麦克斯韦，念你初犯，回到座位上站着。坎贝尔，你已经入校很久了，还不懂规矩，伸出手来！"板子重重地落在坎贝尔的手上，坎贝尔吓得直往回缩。打了几下，老师让他在前边罚站。

麦克斯韦的心情十分沉重，板子打在坎贝尔手上，落在他心上，他也看出坎贝尔压在胸膛里的愤怒，迟早会爆发的。

史密斯夫人的课是地理学。她吩咐班长拿来地球仪。

她开始讲课,麦克斯韦那节课没有丝毫印象。他渐渐觉得站着很累,腿肚子硬邦邦的。过了一会儿,他开始用手支撑着桌面减轻站着的疲劳。他看看坎贝尔,他平静了许多,开始认真听课了,这回倒成全他了,离地球仪最近,看着方便多了。后半节课是学生们自己实践,可以到前边触摸地球仪,许多同学都过去看看摸摸,或按图找找自己的国家、首都、家乡什么的。麦克斯韦没有过去,一直等到下课。

麦克斯韦就像一匹原野上的小野马,自由自在惯了,哪里受得了学校紧张刻板程序化的一切。他觉得没意思,缺少多姿多彩的亮色。但是又不得不努力去适应,他极力修正自己的不足,处处小心谨慎。他认为自己不是不行,而是没有机遇,一旦时机成熟,他一定要显示给他们瞧瞧。他坚信爸爸说过的一句话:假如是一粒饱满的种子,在充足的阳光、雨水、空气的作用下就一定会发芽、生长、开花、结果的。他相信爸爸送他来上学是正确的,总有一天,他会如愿以偿!

麦克斯韦上学已经有些天了,他渐渐习惯了学校的喧闹和校园生活。他很少和同学们在一起学习游戏,常常离群索居。这不单纯是因为麦克斯韦性格上的原因,更重要的是麦克斯韦仿佛感到爱丁堡中学根本就不欢迎他，一个有着地方浓重的乡土音，穿着打扮古里古怪土里土气的"乡巴佬"。他一开口说话，就有调皮鬼学着他的腔调发出怪怪的声音，取笑他。麦克斯韦被羞得更不愿轻易在同学面前说话了。不善言表不能不说是麦克斯韦一生中的憾事，给他后来的事业带来了巨大的不便和麻烦。28岁的麦克斯韦应聘爱丁堡大学自然哲学教授的职位，与他一起竞争的选手还有两位，一位是他在剑桥大学的同学，一位是他在中学的同学。三个人当中究竟应该取谁，当局决定通过考试来决定。要是论学问，麦克斯韦稳拿第一，聘为教授当之无愧，但是比口才，他吃亏了。他是那种虽有满腹经纶，却无从叙述的人，考试结果，可想而知，麦克斯韦名列最后，连主考人对他的讲课能力都表示怀疑。当时一家爱丁堡杂志评论这件事，也很替他惋惜。

麦克斯韦越是不爱说话，越刺激了个别同学的好奇心和对麦克斯韦的神秘感。他们总是想寻衅滋事给新生一个"下马威"。上面提到麦克斯韦的"奇装异服"早已引得同学们议论纷纷。他们不理解麦克斯韦的不合时宜，瞧不起这只"丑陋的小灰鸭"。况且，无论在哪，十几岁的孩子总有恃强凌弱、欺生霸道的调皮捣蛋者。皮埃尔当之无愧就是其中的一位。

一天清晨，麦克斯韦洗脸漱口完毕后，回到寝室准备穿好衣服，系上腰带到班里去读书。可是他找遍了床上床下怎么也找不到腰带了。哪里去了呢？明明是放在床上的。麦克斯韦急得鼻尖上冒出了汗珠。

"喂，你是不是在找它？"皮埃尔手持一条腰带，在空中摇晃着，趾高气扬地站在门口发问。

"是我的腰带，你还给我。"麦克斯韦一眼望去便看出那正是自己的牛皮扣眼宽腰带，是爸爸花一夜工夫才做好的。

"你的东西都很有意思，我相中这根腰带，它归我了。"皮埃尔厚着脸皮不知羞耻地索讨起来，还那么盛气凌人，仿佛理所当然。

麦克斯韦从来没有见过如此无赖，想起前天从皮埃尔身边走过，他拉扯自己腰带，差点将自己绊倒的事，顿生怒火，两眼圆睁，双拳紧握，恨不得一拳打在那深陷的眼窝里，看他还敢不敢目中无人。

"你还给我！不然不客气了。"

"哈哈，乡巴佬……给他点颜色看看。"旁边围观看热闹的同学点火煽风，等待着上演好戏。

"给你腰带，可以，不过你得答应我一个条件。"皮埃尔继续说道。

"什么条件？"

"给我们大家学学乡下的羊叫是什么味！"皮埃尔卡住嗓子怪里怪气学着麦克斯韦的发音叫了起来。其他人也跟着起哄。

忍无可忍的麦克斯韦一拳打在皮埃尔的脸上，皮埃尔毫无防备，一个趔趄撞到了身后的门框上。"这就是条件！"麦克斯韦大叫道。

皮埃尔怎么也不会想到看起来腼腆、胆怯的麦克斯韦会给他重重的一拳。他如疯狗一般爬了起来，和麦克斯韦厮打在一起。麦克斯韦不甘示弱，拿出了在乡下庄园时和农家子弟一起摔跤时的勇气，他早就想教训一下这个总是欺侮他的调皮鬼了，让皮埃尔见识见识乡巴佬也不是好惹的。

他揪住皮埃尔的耳朵，皮埃尔扯开他的衣襟，两人厮打得难解难分，围观的同学只管加油看热闹，直到上课铃响，大家才一哄而散。

麦克斯韦的头发蓬乱不堪，脸上黑一道红一块的，衣袖被扯破了，腰间衣缝也开了线，露出个大口子。麦克斯韦捂着被扭疼了的胳膊,眼泪似断线的珍珠扑簌簌地掉了下来。他再也抑制不住内心的愤怒委屈号啕大哭起来。他的腰带在混乱之中早已不知丢到何处了。

这一仗同学们看出,新来的"丑小鸭"也不是可以随意欺负的。尤其是皮埃尔,吃了重重的一拳之后,学乖了许多,再也不轻易挑逗他了,而是采取孤立他的方法,挑拨拉拢别的同学疏远麦克斯韦,这使本来就很孤独的麦克斯韦更觉如雪上加霜。

学校是寄宿制的,学生可以一周或两周放假一天。这一天是麦克斯韦上学后第一次休假。麦克斯韦的父亲早早到校就把麦克斯韦接回了府邸。

麦克斯韦环顾眼前熟悉的一切,房屋依旧,仍是那样巍然耸立,拱形的门窗嵌着精美的雕刻,豪华典雅。院落内任何东西都井然有序,只有花坛、草坪中的败草残枝萧索零落,在寒风中颤抖。踏上不太宽的甬路,麦克斯韦迫不及待地闯进房门,客厅里暖意融融与外边的冰冷世界是两个天地。那套红漆木家具依然如故,一只高背靠椅离火炉最近。麦克斯韦脱掉黑呢子斗篷、皮帽和手套,直接奔椅子走过来,一屁股坐在上面,烤起火来。

"詹姆士,冻着没有?快到壁炉那边。"麦克斯韦的父亲一边走进客厅脱衣服，一边对儿子说道。

"爸爸，我正烤着呢，您也过来吧。"

麦克斯韦的父亲来到壁炉前站在那里，双手不停地搓着。他的身后跟进了哈洛——那只黑白相间的狮子模样的大狗，摇晃着尾巴，来到麦克斯韦的跟前，亲昵地等着小主人抚摸它几下。麦克斯韦一跃从椅子上跳起来，仿佛是遇到久别重逢的好朋友，和哈洛嬉闹起来。麦克斯韦抚摸着哈洛的鼻子、嘴巴，拍拍它的脑袋，用手指梳着它的鬣毛，将脸蛋也亲热地贴了过去。哈洛的四只脚不停地挪来挪去，时而还将两只前爪竖起来，搭在麦克斯韦手上。鼻子不停地嗅来嗅去。

"好了，哈洛，安静些。"麦克斯韦的父亲轻轻地拍了拍它，哈洛乖乖地趴在地上不闹了。

"学校的学习、生活习惯吗？詹姆士。爱丁堡中学可是整个爱丁堡最好的学校，你接受的是完全正规的高等教育。"

"爸爸，我简直不想再踏进那个校门一步，我讨厌那儿的同学和老师。"麦克斯韦听到爸爸询问学校的情况，满面悦色顿时散尽，嘟着嘴生气答道："他们势利、欺生凌弱，嘲笑我的服装和语音，十分不友好。说我是'丑小鸭'。"

"为什么？"麦克斯韦的父亲不解地问。

"大概因为我是在乡下长大的吧，乡下孩子，他们瞧不起，就叫我'乡巴佬'。我从来没发觉过我的语音有什么不对劲，他们都笑话我。说我的服装怪，就是你给做的紧身衣，嘲笑我不合时宜，是奇装怪服。为此前天我还和皮埃尔打了一仗。我的腰带不翼而飞，我的衣服也扯破了。"麦克斯韦给父亲看撕破的袖子和开了口的腰身。

"詹姆士，会不会是你淘气，做错了什么，大家才疏远你的？"

"不是的，爸爸，难道你不信任我？"麦克斯韦想起学校里不愉快的一幕一幕，本来就满腹的委屈，可算回到爸爸的身边，能够倾诉自己的不幸，而爸爸这一问，使得麦克斯韦鼻子一酸，哇的一声哭了起来，眼泪流了满面。

"好了，好了，我的孩子，别哭了。爸爸不是不相信你，只是觉得奇怪，以爱丁堡中学的名气是不该有此类事情发生的。"他抚爱着麦克斯韦的头，给他拭去泪滴，将儿子拥入怀中，尔后又放在自己的膝盖上，详细地了解每个细节每件事情。从学校的日常起居生活、开设的课程内容到教师的学识水平等等无所不包，他恨不得自己也能跟儿子一样上学体味体味。

熊熊的壁火给父子俩都抹上一层红红的光晕，柔和之中透着家的温馨，小别之后的相逢，父子俩显得更加兴奋激动，他不停地诉说着诉说着……

青铜灯上的蜡烛静静地燃烧着倾听着，蜡烛光是如此均匀、恬静，生怕"滋滋"的声音大了，搅了小主人的兴致。它无声无息地快要着到了尽头。

"孩子，已经很晚了，回你的卧室吧，今天就谈到此吧，我想你也该累了吧。"

麦克斯韦恋恋不舍地和爸爸道了晚安。爸爸亲吻一下他的额头，拍了拍他的肩膀。

麦克斯韦扶着楼梯到了自己的卧室。这里的一切都是老样子，丝毫未变。浅黄色印着可爱的碎花的窗帘已经拉好了，四周洁白的凹凸起伏、图案各异的墙纸映着壁炉红红的火光，也染上了橘红色，地板上铺着鲜红的地毯，结构精巧，做工细致，红漆木床上叠放着麦克斯韦的被褥及毛毯。他太熟悉这里了，离开了一段时间，就像隔了一个世纪，刚刚踏进房间就感觉到一种再熟悉不过的气息。麦克斯韦来到靠墙边的柜橱，看到自己的图书、玩具等心爱的东西都完好地摆放在那里，一尘不染。自己的绘画作品镶在美丽花纹的镜框之中挂在墙的另一边。房子中间的吊灯烛光闪烁，室内散发着家的清香和温暖。

"亲爱的詹姆士，你回来了，太好了，祝你好运。"女仆玛丽一边收拾着麦克斯韦从学校带回来的东西，一边和麦克斯韦说话，她把东西一件一件地放在桌子上边，大物件放在了桌子边上。

"玛丽，你真是太好了，谢谢你，东西不用再收拾了。我想自己看一会儿书，你不用在这里忙碌了，等着这蜡烛燃尽我就上床休息。"麦克斯韦从学校带回来数学书，准备让爸爸指点一二。以前学习的时候有爸爸妈妈辅导，学起来一点也不感觉到困难，如今上学了，对老师讲的内容也很感兴趣，就是不敢向老师请教，只好把书本带了回来，请教爸爸。他把自己不太理解的地方用笔作上了标记，他看得非常认真，窗外的寒风不时地敲击着窗棂，忽忽作响，他根本没在意。由于回家的兴奋并且有些疲倦，他仰在床上不知不觉地睡着了。

当太阳从鲜艳的窗帘缝隙间照进来，照亮墙壁和地毯时，麦克斯韦从梦乡中醒来，揉着惺忪的眼睛，起身下地准备穿衣服，可是昨天夜里脱下的外套不见了。麦克斯韦叫来玛丽问其中缘故。

"少爷，你睡醒之前，老爷来到你的房间将衣服拿走的，那件衣服坏了好几处，老爷正在楼下为你缝补呢，他吩咐，今天让你穿这件外套。"玛丽的手中拿着一套新衣服。那是麦克斯韦的姨妈为他缝制的，麦克斯韦嫌它穿着不舒适，总是衣冠楚楚，不愿意穿。

"我还是穿旧的吧，你去看看我爸爸缝好了没有？"麦克斯韦对玛丽说道。

"孩子，我已经知道了，我已经替你缝补好了，不过我认为它给你带来了那么多的麻烦和同学们的不理解，今后还是不穿这套为好。"约翰不无惋惜地说。

"不，爸爸，我绝不低头，绝不服输，我不怕嘲笑。爸爸你的设计你做的衣服无可挑剔。我讨厌势利奉承的学生，我憎恨横行霸道的皮埃尔，但我要和他们比比高低，到底谁最有出息，谁的水平最高！我不在意我的服装样式，我说话是否怪异，我要用我的实力向所有的人证明：'我是最棒的！'"他的脸闪出一股倔强的稚气，这倔强撞击着他砰砰的心房，督促着他，要前进，要拼搏，要赶超所有的人！这是一种神奇的力量，是一种披荆斩棘、在所不惜的勇气，无论前途怎样坎坷艰险都要毫不回头地走下去！这种力量好似暴雨过后，山涧喷涌而泄的山洪，咆哮入海，义无反顾。这种力量也近似乎一种执著与坚定，像信徒面对仁慈的上帝，毫不怀疑上帝的意志。

麦克斯韦紧握拳头，显示出一股誓死捍卫自己利益的无畏精神。"好儿子，别难过，爸爸最理解你的心情，马上穿好衣服吧。今天我还要领你去皇家学会听一场科学报告。我想你一定会对这件事情感兴趣。"爸爸的理解给了麦克斯韦巨大的鼓舞，更坚定了他蔑视世俗、不畏强暴的勇气。

精彩有趣、引人入胜的科学报告激发了麦克斯韦丰富的联想，尽管许多问题他还不能完全明白，但他深深地爱上了科学。科学向他敞开了一座大门，里面是神奇、惊险、美妙的世界。它不是迷路的山间猎人无意间发现深山老林里的仙人洞，不会出现歌舞笙乐、仙女蹁跹、亦真亦幻的虚构的世界；科学的世界需要有理想有智慧有心计的勇士，掌握开启科学宝库的金钥匙，不畏艰难，勇于探索，想常人不曾想，为常人不能为，刻苦钻研，努力拼搏，才能达到光辉的顶点。

麦克斯韦整整一天都紧跟着父亲，下午回来后，两人又坐在图书室里研究功课。约翰十分认真地检查儿子的作业，解答儿子不明白的疑问。并积极鼓励儿子学会自己解决问题，培养独立思考的好习惯。

"爸爸，你给了我一个愉快的假日，谢谢你。明天我归校后，我会加倍努力，做出成绩来！"当爸爸再次踏上送儿子上学的路途，儿子信誓旦旦向父亲许诺。爸爸看着日渐长大的孩子，十分欣慰，因为孩子渐渐懂事知理了，同时又感伤孩子母亲的早逝，给他的负担太重了。

一群唧唧喳喳的小麻雀成群地飞舞盘旋，偶尔"呼"地落在树上的残枝，偶然落进败落的草地。"小鸟长大了就要自己觅食吃，孩子长大了，就要自己闯世界。学校将会把你锻炼得更加成熟，你的羽翼也将会更加丰满！"约翰亲切地勉励儿子。麦克斯韦吻别了亲爱的父亲，迈着坚定的步伐朝学校走去。他不再彷徨，不再腼腆，他浑身都充满了坚定与自信！

两个好伙伴

麦克斯韦回校后依旧我行我素。仍然穿着那套紧身衣，走路时，偶尔还会有人瞥去不屑的目光，但几乎没有人再动手动脚地拉拉扯扯了。皮埃尔那一小帮调皮鬼见到他也只是远远地站在一边起哄打口哨或者说一些粗鲁的脏话。遇到这种情形麦克斯韦多数情况下不予理睬，忍无可忍时，他便猛烈回击他们。这种回击多数是尖刻辛辣的语言，往往能够一语中的，噎得那些嘲笑他的人半天说不出话来；有时也用拳头，对那些无理的挑衅，拳头比什么都解决问题。没有人再理睬他，老师对这种事情也不闻不问，听之任之。于是，麦克斯韦又得到一个绰号"傻瓜"。

这个"傻瓜"的确是个古怪的家伙，上课坐在被人遗忘的角落里，无人问津。一个人时经常嘟嘟咕咕背着古诗歌谣；兴致好时，比比划划，手舞足蹈，旁若无人。在一般人眼里，他简直就是个"疯狂的家伙"。有时他独自坐在大树下边，手里拿根树枝，画很多图形，边画边想，不对了擦掉再画，反反复复倒也其乐无穷。在所有的同学中，大概只有坎贝尔和他最要好，自从他俩相识之后，就经常在一起学习、游戏。他发现坎贝尔为人友善、品德高尚，从不恃强凌弱，和他在一起，心情放松，比较随便，不用担心他会不会瞧不起自己。在很长一段时期里，他与坎贝尔相互照料、相互帮助，麦克斯韦不再觉得像刚入学时那样孤立无援了，他有了一个要好的朋友。

上一次他和坎贝尔玩陀螺而上课迟到，老师罚他们两个站了一节课，麦克斯韦过意不去，他觉得牵累了坎贝尔。坎贝尔却毫无怨言，还笑呵呵地要求麦克斯韦教他玩陀螺。

有一天，麦克斯韦小心翼翼地给陀螺涂起颜色来，他觉得旋转的色彩会把人带到一个美好的虚幻境界。陀螺上涂上颜色，是他忽发的一个想法。他先是涂一种色彩，觉得不够理想，再换一种，还不可心。对，何不涂上两种以上的颜色，而且是斜着涂一条一条的，让人有种目眩的感觉。说干就干，他把绘画用的彩料都涂到上面，一个五彩斑斓的"色陀螺"准备好了。他找来坎贝尔，和他一起到一处比较平坦的地方玩起来。

真过瘾！这里是一个旋转的世界，是一个色彩缤纷的世界。麦克斯韦目不转睛地盯着陀螺，眼前出现幻觉：旋转的陀螺，风中摇曳的鲜花，五色斑斓；飘动的舞女的裙，飞快的旋律；亮丽的鸟的羽毛，绵绵的丝缎……

他沉浸在迷幻的世界中……

"詹姆士，它怎么总歪倒呢？怎么抽？朝尖上抽？噢，又倒了。"坎贝尔学着麦克斯韦的样子，可总也掌握不好那股子劲，他抽打的陀螺转一会儿就不动了。他急切地询问麦克斯韦，麦克斯韦却不回答而只顾猛劲地抽打，让他仔细瞧着，认真体会。

坎贝尔玩了一会儿就泄气了，赌着气一屁股坐在地上，无精打采地看麦克斯韦玩。"不玩了，它在我手上太不听话了，无论如何都不会像你玩得那样好。"

"好伙伴，别灰心，瞧，手要稳，下鞭子要准，朝尖上猛抽，需要反复练许多次才能抽得好。我已经玩过好多年了。"麦克斯韦一边示范，一边劝说坎贝尔。

"你不觉得腻烦吗？"坎贝尔反问。

"怎么会呢？我越玩越愿意玩，越玩水平越高。我始终在琢磨为什么只给它一鞭子的力，它就能转那么久。它转起来又平又稳，有时好像静止不动。它总让我联想许多。将来我一定会解开这个谜。"

"我觉得你行，你那么聪明又肯动脑筋，不像我们班上那些捣蛋鬼只想办法欺侮人，将来你会有出息的。如果真有那么一天，你出名了，我会为你写本传记，把我们的友谊也写进去。"坎贝尔当时绝对想不到40年后他真的和另外一个人合撰了麦克斯韦传。

麦克斯韦听着坎贝尔的诉说，只觉得好玩又好笑，根本没有在意，但是坎贝尔的一片好意却让他感恩不尽。他感慨地说："坎贝尔，你真是位特别的人物。大家都不理我，唯独你和我最好，我真感谢你课堂上那张小纸条。"

"看，你又来了，再不准提那点小事，那是我应该做的。作为人，我们都应该是平等的，彼此之间不应该有歧视，更不应该自诩是高贵的阶级就压迫其他的人。我讨厌等级观念，我不愿意自己是贵族子弟就可以为所欲为，我们应该尊重每个人的权利。"坎贝尔的一套理论使麦克斯韦觉得与他的距离更近了。

两个小伙伴成了极为亲密的朋友，他们一起讨论问题，完成作业，一起游戏，一起玩耍，形影不离，非常友好。麦克斯韦有时还把他领回自己的家中，给他自己的一些玩具玩。坎贝尔十分喜爱麦克斯韦自己刻的印章，央求给他也刻一枚。麦克斯韦就选了一块不错的戳儿料，用刻刀慢慢地给他刻了起来。

"你竟然会有这手好技艺。"坎贝尔夸奖他。

"我跟村上一位老木匠学的。小时候,我经常上他家玩,看他做家具、漆木板,有时刻些浮雕,不过他最拿手的还是刻章,我没事就跟他学着刻,慢慢就掌握了其中的技巧。"麦克斯韦轻手利指,刻刀飞快地削着,不长时间,一枚图章便刻好。试验一下,效果挺好。坎贝尔高高兴兴收藏起来。

"我给你看一样我的作品。"麦克斯韦从柜橱里抽出一张图纸,铺展开,递到坎贝尔眼前。整张图纸全都由大大小小的印章构成,三角形、圆形、方形、长方形、菱形、花形、鸟形、动物形……千姿百态,各种图形,好看极了,惊得坎贝尔啧啧称奇。

"你真有双灵巧的手。"

"我还有更有趣的呢!"麦克斯韦又拿出一张来。这是一张用印章图案拼成的绘画作品!构思巧妙,拼图奇美,圆章组成红红的花瓣,花蕊是密密的小三角形,层层叠叠,构成繁花似锦。上边没有一笔是额外加上的。真能看出小作者的匠心独运来。坎贝尔更加佩服麦克斯韦了,被别人称为"傻瓜"的麦克斯韦是个心灵手巧的能工巧匠!

坎贝尔的惊异是可以理解的。麦克斯韦从小就喜好这些小制作，他在亲手实践中锻炼了自己，这一方面缘于他的父亲的影响，更重要的是他善于向别人学习，并将一切技能都化为自己的本领。后来他在科学实验中曾做过一个叫"以太模型"的东西，试图对法拉第的力线观念进行探讨。虽然这个模型完全建立在机械结构的类比上，看上去既枯燥又不好懂，但他足可以证明麦克斯韦的心灵手巧和创造性的思维。后来在他晚年的著作里也舍弃了这个模型，但他却把它当做跳板，成功地到达了真理的彼岸！

麦克斯韦在中学时期除了和坎贝尔是好朋友之外，他还结识了泰特。一天，麦克斯韦正静静地坐在自己的座位上求证一道几何题，这是爸爸布置给他的作业。他运用了好几种方法都没有证明出来。他手里的笔开始胡乱地涂写起来。

站在他身后的泰特已经看了好一会儿了，始终也没吱声。麦克斯韦也没理睬他，心里想："莫非又是一个调皮鬼？会不会找我什么麻烦？"所以，他根本不去看他，只顾自己画图证明，一步一步向前推算。泰特插言了："麦克斯韦，我想你大概在求证这两条边是相等的，何不在这个位置引一条辅助线呢？"这个想法太妙了，我怎么没有想到！他按照泰特的指点画出辅线，果然问题很快就迎刃而解。他对这个陌生的同学刮目相看了,但还十分疑惑地望着他。

"我对你做的图形很感兴趣,我们交个朋友。"这位金发碧眼、文静的泰特伸出手来。麦克斯韦也慢慢地伸过手来,但不知说什么才好。"你别害怕,我从不参与皮埃尔那群人的胡闹,我讨厌他无事生非,我已经注意你好多天了,我发现你喜欢解题,我也喜欢自然科学,我们会成为好朋友的。"

泰特是班级里学习成绩最好的学生,能和他交朋友是麦克斯韦求之不得的事。他看出,泰特和其他人不一样,是真心实意的,丝毫没有敌意,麦克斯韦欣然应允了。

泰特的确是个出类拔萃的人物。他门门功课都好,尤其擅长自然科学。他回答老师的提问不慌不忙,有条有理,内容准确,再加上口齿伶俐,善于表达,经常能得到老师的夸奖,同学们也都投去羡慕的目光。泰特还是学校戏剧团的成员,经常参加演出,他精湛的演技,赢得台下阵阵掌声。

麦克斯韦为结交这样一位活跃的新朋友而由衷的高兴。他俩性格有许多不同之处。一个少言寡语,不善言表;一个活泼伶俐,能言善辩。这也有许多好处。他们在一起时，泰特常常不停地说，麦克斯韦静静地听。有时麦克斯韦想要表述的内容，泰特心有灵犀一点通后就能清清楚楚地表述出来。他们在学业上相互切磋，相互砥砺。

一日午后，学校放假半天，可以自由活动。麦克斯韦、坎贝尔、泰特三人相约一起到海滨游泳。

夏日的海滩晴空万里，海风习习。金色的沙滩，蓝色的海洋，吸引着许多人到海滩游玩。白色的浪花追逐着嬉闹的人群，美丽的海鸟装点着蔚蓝的海洋，绚烂多姿。三人在海水中尽情游着，像勇敢的海燕搏击着凶猛的海浪。游累了，他们躺在海滩上晒太阳，暖融融的日光照在皮肤上，十分惬意。

坎贝尔闭着眼睛，一语不发。

泰特望着远处码头轮船的桅杆，滔滔不绝地讲起航海的一些趣事。

码头上的轮船正在卸货，工人们把一包一箱的货物运到码头上来。轮船在海浪的冲击下摇摇摆摆，起起伏伏。"货物卸下船，船的总浮力减少，船身上升。但假若将货物投在海水中，海水总量一定，海面是升高还是降低呢？"麦克斯韦嘀嘀咕咕，想起物理书一道关于浮力的问题。

麦克斯韦根本没听泰特在讲些什么，他的思维转移到船的浮力上来。"詹姆士，你在想什么？瞧你神情专注的样子。我们一起来解决好吗？"泰特结束了他的闲谈问起麦克斯韦。

"看到船，我想起这样一道题：一只装载着石块的小船浮在一小水池中。如果船上的人把石块投入水中，池中水面的高度会不会发生变化？"

"这道题我见过，但没有认真思考过。让我来分析一下，石块被投入水中后，石块将侵占原来被水所占据的空间而使池中水面上升；但船却因载重量减少而向上浮起，从而使池中水面下降。这里既有使水面上升的因素，又有使水面下降的因素。"泰特认真地思索起来。

"是这样，比较复杂的，我们需用阿基米得定律才能解开。浸在液体中的物体受到向上的浮力，其大小等于物体所排开液体的重量。"

"还是让我们用算式来解决吧。"泰特用手指在松散的沙滩写道：

"船、人、石受到的总浮力 = 被排开的水的体积 × 水的比重。

当石块在船上时，

船、人、石受到的总浮力 = 船、人、石的重量；

当石块投入水中后，

船、人、石受到的总浮力＝船与人的重量＋与石块同体积的水的重量。"

"完全正确，这里还涉及比重问题，因为石块的重量比同体积的水的重量大，所以，当石块投入水中后，船、人、石受到的总浮力小于石块在船上的总浮力。总浮力较小，被排开水的体积就较小，池中水面就较低。"

"太好了，推算出来了。"麦克斯韦兴奋地搓着手，泰特紧紧地握住了他的手。两人相视会心地笑了。

坎贝尔仍在享受着阳光浴，他对两人不好好享受，却算什么浮力感到不可思议，又为两人配合默契而暗暗高兴。他等到两人算完题便建议，再到大海中游一会儿，一定别浪费了大好时光。三个人又跳下海里，轻松地游了起来。

海面波光粼粼，碧波荡漾的海水倒映着他们矫健的英姿。他们是大海的弄潮儿，丝毫不惧潮起潮落，只要驾驭得了，哪怕它海浪滔天！

一鸣惊人的"白天鹅"

麦克斯韦在同学们的冷眼中度过了中学的最初时光。

谁也没有想到，到了中年级的时候，出现了奇迹。

这里是爱丁堡中学一次数学竞赛的赛场。场里坐满了各年级的考生，他们议论纷纷，猜测着考试的难易。每个人都摩拳擦掌，准备着考试场上决出胜负。他们的心里都十分清楚，如果能取得优异成绩，不仅仅是荣誉和体面，全校都会出名，同时能得到一定的物质奖励。平时贪玩的皮埃尔询问泰特有没有把握获取第一名，泰特莞尔一笑，说虽然准备了很多时间，做了不少的习题，但要夺魁还需临场发挥及运气，不过他相信获胜的可能性很大，因为他是班里数学最好的一个，连数学老师也是这么认为。皮埃尔羡慕地说道："不管怎样，你还有希望，我只要不得零蛋别丢丑就满足了，祝你好运！"他伸出食指中指做个"V"型，表示获胜之意。这个不用功的皮埃尔还有另一个企图：想挨着泰特坐，以便能够搞点小动作：抄袭！说了几句奉承话，他开始厚着脸皮不知羞耻地说："泰特，你做完题时，能不能给我看一眼，帮帮忙，我的基础太差了，我保证不让监堂老师发现。"泰特没有答应他这个无理要求，不再理他。皮埃尔悻悻地坐在泰特的旁边，软磨硬缠。忽然发现泰特另一边的麦克斯韦正静静地望着这边发生的一切，他气急败坏地说："有什么好看的，还不知道谁得零蛋呢？"这时数学老师托着一大摞卷子走进教室，还有一位女老师协助监堂。发好卷子后，考试开始。数学老师提了一大堆的考试要求、考场纪律等注意事项，之后便是长时间的答卷。室内鸦雀无声，只听得笔尖沙沙作响。两个老师慢慢地来回巡视考场。每个人都在认真紧张地答着试卷。

麦克斯韦平静地书写着试卷，这些题对于他来说都比较容易。80%都是课堂上讲过的，他都轻松地做上了。只有两道题相对来说难度很大，看样子，竞赛试题也考虑到学生的难易程度。他认真地思索，想了几种思路都没有解开。他想起这个类型好像见过，暂时想不起来。时间一分一秒悄然而逝，这道题却丝毫没有进展。麦克斯韦有些急躁起来，鼻尖上渗出了细细的汗珠。他不停地摆弄着手中的笔，思路在不断扩展，一种、两种、三种……逐个被排除，还是没有解开。

考场静悄悄的，有的考生看样子答不上来垂头丧气地傻坐着不答了；有的满脸紧张，那神情仿佛要上战场，头不抬只顾闷头做题。有的平静自然又井然有序，攻克一个又一个难题。泰特就是这样的学生，数学老师在他身旁路过时，有意识地停留下来，多看他试卷几眼，希望这个好学生能答个好分数。他也做到那两道难题了，他眉头紧锁，认真思考着。

麦克斯韦忽然想起，爸爸给他的试题中有一道好像和这道题相类似，他仔细回忆曾经用过的那种方法，对，何不试试。他屏住呼吸，一步一步地仔细运算推导，真是功夫不负有心人，麦克斯韦终于攻下了这个难题！他兴奋的头脑里处处跳跃着数学符号，他抓住这稍纵即逝的灵感，一鼓作气，又解开了另一道难题。

当麦克斯韦轻轻地松了一口气，停止了答卷的时候，考试结束的铃声响了起来。那悠扬悦耳的铃声好像教堂里演奏的圣乐，庆祝得胜者的凯旋。麦克斯韦写好自己的名字，递上了考卷。

考场此时就像开了锅一般，同学们七嘴八舌评论起来，有的抱怨题太难，根本没见过；有的诉说时间太短，题量大没有做完；有位平时就胆小的学生竟当着大家的面哇哇哭了起来，他说忘答了一道题，肯定会不及格的。还有皮埃尔一副满不在乎的神情，在泰特面前不屑一顾地说："有什么了不起的，看都不让看一眼，还不知你能打多少分呢。"另一位调皮的男生拍拍皮埃尔的肩膀说："看样子，咱俩回家都得准备挨板子了，真难过。"泰特也十分沮丧地说最后两道题没有答上太遗憾了。只有麦克斯韦眼望众生百态，心中觉得好笑，也不参加他们的争论，悄悄地退出了考场，一个人独自享受大自然的乐趣去了。

屈指一数来到学校已经整整有两年的时光了，他熟悉并习惯了学校的一切生活。爱丁堡中学无论从哪个方面看都是当时苏格兰最好的学校。这里环境幽雅，风景宜人。教学设备完善，条件优越，教师的教学管理水平也首屈一指，学生的来源和学生素质也都比较好。基本上是所贵族学校。因此在该中学毕业的学生大都是受人们欢迎的得到社会承认的高才生，成绩优异者还可以继续深造。

麦克斯韦理解了爸爸的一片苦心，他接受的良好教育使他逐渐懂得了许多道理。他在心里暗暗地发誓绝不辜负爸爸的厚望，一定做出点成绩来让爸爸感到自豪与欣慰。这次数学竞赛，他发挥得很好，所有的题都做上了，他很开心也很兴奋，独自沿着树丛来到一条小河边，手里拔下河边青草,轻轻地撩拨着河水,唱起家乡小调。

　　河水清清,映着麦克斯韦喜悦的脸庞。他伸手捧起一捧水喝上一口,清香沁人心脾,使他头脑越发清醒了许多,索性洗一把脸,痛快!凉快!麦克斯韦想起小时候在家乡旁边的乌尔河嬉闹的情景。一股热流传遍全身,呼唤着他要彻底凉快凉快。他脱下衣服,跳进小河,扑扑腾腾地游了起来,河水漫过他的腰,他的胸膛,他就像浪里白条,上下翻腾。河水被他搅得浪花四溅。他游得如此尽兴,口里编唱着几句诗歌,抒发着满腔的喜悦。

　　　　如果我是一条小鱼,
　　　　我要放声歌唱,
　　　　不留恋迷人的水塘,
　　　　翻起涟漪的水波荡漾。

　　　　我愿成为一员顽强的勇将,
　　　　乘着长风,冲破恶浪,
　　　　带着美好的理想,
　　　　开辟新的航向!

麦克斯韦边玩边唱，浓浓的格伦莱尔口音婉转流畅。麦克斯韦就是这样一位情绪变化很大的人，高昂的激情常常促使他诗兴大发，即兴作诗娱乐一番。他的这种闲情逸致在几天后的诗歌比赛中得以最充分地发挥。

诗歌作为一种抒情言志的文学体裁，受到了世界各族人民的喜爱。历史上有许多著名的科学家同时也是诗人，只是他们的诗歌成就不如科学成就显著，因而诗歌方面的业绩常常被忽视罢了。麦克斯韦的诗歌天才得益于小时候母亲的教导，而他本人也偏爱诗歌独特的表达方式。因此常常有感而发、即景生情做些应合之作。有时为取悦亲朋好友而即兴作些小诗活跃气氛。后来他的许多诗篇都与科学技术有关。

使麦克斯韦在诗坛上崭露头角的是在爱丁堡中学的一次诗歌比赛。麦克斯韦以其丰富的情感、细腻的表达、优美抒情的语言赞美自己美丽的家园——格伦莱尔庄园。

格伦莱尔庄园给他的童年生活留下了深刻的印象。他忘不了家乡的土地散发着泥土的芳香，他忘不了枝头的小鸟欢快的歌唱，那灰色的城堡给他多少神秘的幻想，那叮咚的小溪诉说着童年的稚趣与欢笑……

读他写的诗如沐春风，吹得人温馨清爽；他用心灵描绘的春姑娘，轻灵柔媚，伴着春的旋律，化作绿色的使者，遍地飘洒生命的花种……读他的诗如在画中似在梦里感染得你不能不为之动情……读他的诗，旋律轻松，节奏明快，朗朗上口……

爱丁堡中学那位批卷的老师说："在他这个年龄的学生中，我从来没有发现这样出色的诗作。读着它美妙的诗句，我被深深地打动了。我的眼前浮现出一幅如诗如画的庄园美景，我几乎爱上了它。"

这位老师一口气读完麦克斯韦的作品，仔细去看是谁的佳作，他简直不敢相信，竟是在他眼里一点不起眼甚至有些愚钝的麦克斯韦！他怎么也想象不出，麦克斯韦其貌不扬的外表下竟有如此的灵气！

他把麦克斯韦的诗作在老师中传看，所有的人都交口称赞。不得不佩服这个在乡间长大的孩子具有非凡的想象力和驾驭语言的能力。麦克斯韦理所当然得了第一名。

比赛结束后的第三天，爱丁堡中学准备开全校大会。学校的礼堂坐满了同学。这座平时很少用的礼堂今天装扮得格外漂亮，礼堂的醒目位置书写着会议的主要内容：颁奖庆祝晚会。这些字体的四周圈着鲜艳的花朵，散发着阵阵清香，猩红的地毯一直铺到台上，如果能站在上面走上奖台，那该是多么值得骄傲和自豪的啊！在礼堂的一侧整齐地坐着学校管弦乐队的小队员，那阵容显然是为大会助威而设。台上猩红大幕紧紧地合拢着，台下已经坐好了的同学们焦急地等待着大幕的拉开。

麦克斯韦和同学们一样排着队进入礼堂找到自己的座位坐好。坎贝尔和泰特都坐在他的身边。坎贝尔左顾右看观察着周围，显得十分轻松自在，泰特却有些心事重重，一言不发，默默地等着开会。麦克斯韦被礼堂隆重高雅的氛围所感染，也在静静地注视着台上的一切。他想这里的环境有点类似皇家学会的大礼堂，只是略显小了一些。

大幕终于徐徐拉开，台下掌声四起，欢迎一位身材魁梧高大的中年男人走上讲台，他摆摆手向同学们致意。

"亲爱的孩子们！……你们走到了一个学校里来，在这里，你们将接受最好的教育，学会科学知识和文明礼貌。作为校长我希望你们每一个人都能成为栋梁之才。今天的颁奖庆祝大会我们将给在学校举办的比赛中获奖的同学发奖，愿这样的活动能够激发你们积极向上的斗志，努力学习，再创佳绩！"

校长慷慨激昂的讲话赢得了台下阵阵掌声。

接下来是获奖的同学上台领奖,那一张张兴奋的笑脸如绽开的花朵格外地娇艳,小乐队奏起欢快的乐曲,整个礼堂一片喜气洋洋的景象。

当校长最后宣布一个好消息时,全场的人都惊呆了。

"我以十分激动的心情向大家宣布:获得本次数学竞赛、诗歌竞赛的第一名是:詹姆士·克拉克·麦克斯韦!"

第一名:麦克斯韦!两项竞赛的第一名!

麦克斯韦正高兴地拍着手,眼望着获奖的同学一个个地走上领奖台。当校长宣布他是两项竞赛的第一名时,他也一愣,会不会是听错了。同学们激烈地鼓掌,等待着这个得了第一名的同学上台与大家见面。

坎贝尔捅了一下麦克斯韦示意他赶快去,并高兴地伸出了两个手指组成V型,"好样的,麦克斯韦!"

满脸羞怯的麦克斯韦走上了奖台,校长与他热烈地拥抱,祝贺麦克斯韦取得了优秀成绩。台下更是掌声如潮,许多认识麦克斯韦的同学都睁大了眼睛,惊异他的一举成名。而更多人是羡慕他祝贺他。

当校长用亲切的口吻询问他此时的心情和如何取得的好成绩时,麦克斯韦只是小声地说:"我很激动……"

一束鲜花送到麦克斯韦的手中,麦克斯韦沉浸在无比的幸福和欢乐之中……

颁奖大会结束后，演出一场精彩的戏剧节目，这是同学们自编自导的喜剧，是为大会圆满成功而准备的贺礼。

泰特担任该剧的一个角色，他早已经去化妆准备上场了。

坎贝尔拉着得了第一名的麦克斯韦，那高兴的劲头比自己得了奖还高兴。他们两个兴致勃勃地观看演出，看到兴起时，还跟着哼唱几句。

麦克斯韦此刻的心情无以言表，他多么希望能尽快地告诉爸爸，让爸爸也分享他的快乐。如果没有爸爸平日的辅导，他也不可能取得这么好的成绩。他要把盛开的鲜花送给爸爸，把最高的荣誉也送给爸爸。

麦克斯韦也想起了妈妈，要是她还活着该有多好啊。如果能见到麦克斯韦取得的辉煌的业绩，她在九泉之下也该瞑目了吧！

演出结束后，同学们纷纷向麦克斯韦祝贺。

这次比赛改变了麦克斯韦在班上的地位。优等生总是受崇拜的，再也没有谁取笑他的服装和说话的声音了，同学们开始尊敬他。即使是和麦克斯韦一向不太友好的皮埃尔也明显地转变了态度。

有一天，麦克斯韦和班级里的其他同学一起参加整理草坪的劳动。大家都带好了手套，拿着工具，热火朝天地干了起来。皮埃尔身强力壮，干得最快，他干完后来到麦克斯韦身边，说："詹姆士，我来帮助你好吗？"麦克斯韦半信半疑没有说话。皮埃尔丝毫不在意，大刀阔斧地帮他锄草。他一边干着一边对麦克斯韦说："很对不起，詹姆士，以前都是我做错了，我一定改正。希望你以后能帮助我，有很多问题我还要向你请教。"

麦克斯韦真高兴，他拉住了皮埃尔的手，他们化敌为友了。皮埃尔敬佩麦克斯韦的才气，麦克斯韦也羡慕皮埃尔粗犷豪放的性格。

两项比赛的第一名让麦克斯韦获得了巨大的荣誉。他在同学中的影响也越来越大了。以前班级里有许多活动，他参加与不参加没有人过问，现在任何事情同学们普遍都征求他的意见。今天郊游，明天聚会，而且时常请他作几首助兴的诗歌朗诵给大家听。

麦克斯韦所取得的惊人成绩，使得班主任老师也感到意外。史密斯夫人也不再以十分严厉的口吻命令他，而是投以较为柔和的目光，有时也能够平静坐在一旁，倾听麦克斯韦阐述对某一个问题的认识与见解。当听到独到的见地时，常常抱以亲切的微笑，给他鼓励和支持。

对于竞赛结果感到最出乎意料的是数学老师。他那鹰一般犀利的眼睛竟然没有发现在他的班级里会有一位数学天才！他和所有的人一样，没有意识到这只灰色的"丑小鸭"原来是一只绝顶聪明的"白天鹅"！

上课的时候，他第一次提问麦克斯韦，坐在后边的麦克斯韦结结巴巴勉强回答上，老师和同学们都认真地听着，这位一鸣惊人的冠军在语言表达上的确存在着不尽人意的地方，这不能不说是遗憾。羞于言表的麦克斯韦在众目睽睽之下更不能畅所欲言变得更加局促不安起来。

不管怎么说，老师总是喜欢拔尖的学生。从这以后数学老师经常提问他，锻炼他，他渐渐发现麦克斯韦虽然语言表达能力差些，但是思维敏捷，记忆知识扎实，举一反三的能力较强，是个好苗子。课余时间，他有时还辅导麦克斯韦做各种类型的习题，和他一起探讨一些疑难问题。麦克斯韦在老师的精心培育下，进步很快。

泰特作为麦克斯韦的好朋友，他对麦克斯韦取得两项第一表示祝贺。同时由于个人原因他十分嫉妒麦克斯韦，他发现了这是他的一个强大的竞争对手。对于麦克斯韦，他比别人更了解他，他的聪明才智和潜在的实力只有他看得最清楚。要想击败这个对手要付出更大的努力才行。他也暗下决心和麦克斯韦比一比高低胜负。

麦克斯韦的父亲很快得知了他的优异成绩。这位日渐衰老的父亲流下了激动的眼泪。多少年的心血呀,培养这棵独苗,其中有多少艰辛与泪水,究竟谁能知晓呢?孩子有了长足的进步,也算是没有辜负他母亲的希望,可以告慰妻子安眠于地下了。

当儿子回家时,他为儿子举办了一个盛大的庆祝会。他邀请了麦克斯韦的两位叔叔、姨妈、堂弟杰克、表姐露西和麦克斯韦的两个好伙伴坎贝尔和泰特。坎贝尔十分羡慕地说:"詹姆士,你爸爸真够意思,要是我爸爸也能这样,我也会考第一名的。"

众人纷纷举杯,向麦克斯韦祝贺。

麦克斯韦生平第一次感到实现自身价值的快乐。这也坚定了他再接再厉的信心。他更加发愤图强,门门功课都很突出,成为全校拔尖的学生,获得了许多奖励。麦克斯韦的光彩,看起来有些像彗星那样突然出现,实际上却是刻苦学习的结果。

麦克斯韦对数学、物理学有浓厚的兴趣,尤其喜欢数学。当他的父亲无意中发现了他的数学天赋之后,就加以正确的引导，成了他的启蒙老师。常言道："师傅领进门，修行在个人。"麦克斯韦被父亲领进了数学的殿堂，就深深地爱上了这一领域。那枯燥的数字在他看来是神奇的字码，当他用自己聪慧的头脑、灵巧的手指将这神奇的字码重新组合时，这便是一幅瑰丽无比的图画。他喜欢这图画，他迷上了它，无论这其中有多么奥妙多么复杂。他探讨着其中的奥秘，也领略着数学领域的神奇风光。

他至今也不能忘记爸爸给他讲过的那个故事……

在远古的埃及胡夫的金字塔下，有一位上了年纪的文书，他干枯的双手紧紧握着一卷破旧的草片文书，浑浊的双眼久久地望着无边无际的利比亚沙漠上金黄色的雾气。他好像对一切都漠不关心，一心都系在这小小的草片文书上，他绞尽了脑汁想尽一切办法想解开这个斯芬狄克之谜。只有解开它才能获救。

这片草书倾诉着一个古老悲壮的故事，弹唱的是远古以前的苍凉。在茫茫的沙漠上，停留一只巨大的方舟，方舟之上装载着许多东西，如果能在一天之内查数得完全准确，就能够顺利行驶出沙漠，否则要被狂风卷走，吞没在沙漠中。

这只方舟里有7间房子，每间房子里有7只猫，每只猫要吃掉7只老鼠，每只老鼠要吃掉7穗大麦，每穗大麦长有7个麦粒。这些种类不同的事物总共有多少？可怜的老文书一个一个地查着算着稍有疏忽，就得从头再来一遍。时间一个小时、两个小时……慢慢流逝，老文书怎么也算不出来，他急得眼角都快流出血来。

麦克斯韦的父亲询问麦克斯韦能不能帮老文书查一查呢？

麦克斯韦欣然应允，他找来纸笔，飞快地运算起来。这时的麦克斯韦还没有学习乘法，他算这道题就得像老文书那样慢慢地用加法算，他的父亲之所以出这样的题考他，一是考察孩子有没有耐力，二是看看孩子会不会发现新的规律。有了坚实的感性认识后，再教他乘法，孩子岂不是更爱学吗？

聪明的麦克斯韦认真思索一会儿，问爸爸："老文书是如何算的呢？""是一个一个查出来的。"爸爸告诉他，并说那种方法太慢容易出错。他让麦克斯韦动动脑筋。麦克斯韦整整想了一下午，他把结果告诉了爸爸，爸爸问他是怎么想的。他说：

"7间房间里有这么多的东西，我想先算出1间房子里有多少，再加 7 个这么多的就算出来了。即 1 间房子有 7 只猫，1 只猫吃 7 只老鼠，7 只猫吃 49 只老鼠；1 只老鼠吃 7 穗大麦，49 只老鼠吃 343 穗大麦；1 穗大麦结 7 粒，343 穗大麦结 2401 粒；1 间房子里有 2401 个物体，7 间房子里有 16 807 个物体，这是最后得数。"

麦克斯韦的父亲看着儿子的草纸上列满了算式，一样一样加出来了，他也替儿子高兴。他又教了儿子另一种加法的算法。即按照每样物体的总数算。房间一共有 7 间，若 1 间里有 7 只猫，7 间里有 49 只猫，若 49 只猫中 1 只猫吃掉 7 只老鼠，共能吃掉 343 只老鼠，若 343 只老鼠中一只吃掉 7 穗大麦，共能吃掉 2401 穗大麦，若 2401 穗中 1 穗结 7 粒麦子，共结 16 807 粒麦子，这些事物的总数仍是 16 807。

麦克斯韦的父亲用加法算完之后，又开始教他乘法。乘法口诀，爸爸早让他背得滚瓜烂熟只是没用过，用了乘法 $7 \times 7 \times 7 \times 7 \times 7 = 16807$ 既省时又省力，方便极了。麦克斯韦真高兴。

"爸爸，那个老文书为什么不用乘法呢？他是大人，他也应该会用乘法呀？"约翰笑着说："儿子，那时还没有发现乘法呢！乘法也是后人根据前人的经验一点一点总结出来的。这种发现需要时间，几十年，几百年，几千年，甚至更长，懂了吗？斗转星移，时光荏苒，人们正是在千百年的实践中发现了数学这门大学问，要学好它，就要通过自己的观察，理解它、学习它，要自己常动脑筋，养成独立思考的习惯。"

麦克斯韦在爸爸的教导下学会了很多知识，当然这与他平时勤学苦练是分不开的。就拿算上面的那道题来说，一般孩子可能算一会儿就会厌烦而放弃了，麦克斯韦却饶有兴趣地算了一下午，直到算出最后结果才罢休。

麦克斯韦能在数学竞赛中获得冠军，这绝不是偶然的。数学竞赛只给他提供了一个良好的机会，关键在于他有着扎实的基础。正所谓"宝剑锋从磨砺出，梅花香自苦寒来。"

麦克斯韦的数学才华，使他很快突破了课本的界限。1846年，不满15岁的麦克斯韦在《爱丁堡皇家学会学报》上发表了他生平的第一篇数学论文。一个最高学术机构的学报刊登孩子的论文，是罕见的。起初，麦克斯韦的父亲也不敢相信，他拿着儿子的论文请著名的数学教授鉴定，他们翻遍了近期所有的数学刊物也没有发现与之相类似的内容。麦克斯韦的论文探讨的是二次曲线的几何作图。有位教授想起，这个问题好像只有大数学家笛卡儿曾经研究过。他找到笛卡儿的著作进行对照，发现麦克斯韦的做法不但不与之相同，而且还要简便些。当他们证明这篇论文的确出自一位14岁的中学生之手时，都十分震惊。那位老教授不可思议地摇摇头，口里一直赞叹不已，称麦克斯韦是"神童"、"数学天才"。

麦克斯韦的父亲为儿子感到骄傲和自豪。这篇论文标志着麦克斯韦已经打下了牢固的数学基础，他在数学领域里能够独树一帜，独立地完成一定的科研课题，同时也表明他已经成为一名少年数学家。

1846年4月，在爱丁堡皇家学会的大礼堂，麦克斯韦宣读了自己的论文。台下的人们惊奇、诧异、不解……很多人都不相信论文的作者就是眼前的孩子，还有一些人竟然连论文的内容都没有听明白。

麦克斯韦就像一颗新升起的明星，他初露光芒，并引起了数学界的关注。

在这以后不久，麦克斯韦又写了关于二次曲线和更高阶的有关曲线的几何特性与光学特性的手稿。这些都已显示出他对数学的爱好，特别表现了他一生的两个特点：严密性和对几何论证的偏好。

步入科学的殿堂

1847年秋天,16岁的麦克斯韦中学毕业,以优异的成绩考进苏格兰的最高学府爱丁堡大学。在这里,他获得了登上科学舞台所必需的基本训练。他的学习内容更加广泛,他对待功课非常刻苦,对自己要求严格,除了必修的功课,他还开始搞自己的研究。

麦克斯韦的专业课是数学和物理学,这是他从小就喜爱的专业,且一直陪伴了他一生,成了他终生研究的课题。在大学里,经过系统、全面的学习之后,他的知识功底更加深厚了。由于每次考试都能名列前茅,再加上他以前发表过文章小有名气,所以麦克斯韦这个前额饱满、两眼炯炯有神的小伙子很快就引起了全班同学的注意。

由于他是班上年纪最小的学生,上课时,总是坐在最前排,站队却总是最后一个。别看人年纪小,个子矮,不怎么起眼,但是有满腹学问,同学们经常向他请教问题。有的学生不太服气,想考考他究竟怎样,他们找出一道道的习题让他解答,麦克斯韦经过认真思考后,总能答上来,渐渐地同学们都佩服他了。

有一次,在数学课上,一位长着大胡子的讲师讲得口干舌燥,他在给学生推导一个数学公式。由于没留神,他把公式推导错了。坐在前边的麦克斯韦一个劲地暗示老师讲错了,可是讲师却像没那回事似的,根本没理会。下课后,麦克斯韦向老师提出了疑问。这位讲师起初不信,回答说:"如果是你对了,我就把它称作麦氏公式!"直到晚上他回到家里又重新推导一遍,发现果然是自己错了。

麦克斯韦就是这样的敢于向权威挑战的学生,他对问题善于独立思考,不盲从,这对他以后从事科学研究工作打下了良好的基础。值得幸运的是,在爱丁堡大学里他遇到了两位教授,对他科学思想的形成带来了很大的影响。

这两位教授一位是哲学逻辑学教授哈密顿,他知识广博,喜欢提与众不同的见解,具有出色的批判能力,能激发别人思考。他在教学中十分强调阅读科学史、哲学和美学,唤起了麦克斯韦对科学一些基本知识的注意。另一位就是物理学教授福布斯,他十分赏识麦克斯韦的才能,允许他单独在实验室里做实验,他的精心培养使麦克斯韦对实验技术产生了浓厚的兴趣。1849年,麦克斯韦在他的实验室里开始了色彩混合实验。当时人们的做法是把一个圆盘分成若干个扇形区域，在各个区域中涂上不同的颜色，并观察当圆盘迅速转动时所造成的色觉。由于这种实验结果依赖于许多因素，如扇形面积的区分、颜色的浓淡、明暗和配合等等，麦克斯韦没有完成。后来他在剑桥大学毕业后继续了这方面的研究。他改进了圆盘的设计，并设计了另一种叫"色箱"的仪器。通过仔细和定量探索，麦克斯韦逐步创立了定量色度学这一学科，并阐述了一些有关色觉的理论。

在上学期间，他在《爱丁堡皇家学会学报》上又发表了两篇论文。可以看出，麦克斯韦在科研领域尤其是光学、电化学、分子物理学三个领域取得了显著成绩。1850年，他发表的《论弹性固体的平衡》通过有胁变玻璃内部的双折射的研究而发展了普遍弹性理论的简单的公理化的表述。光测弹性学领域中的这一工作，标志着麦克斯韦处理连续媒质力学的开始，而我们知道，他在电磁理论方面的早期工作，正是从这种力学的思想入手的。

麦克斯韦是个勤奋刻苦的学生，在科学的海洋里他孜孜不倦地探索研究。这是他成为少年科学家的奥秘。入夜，星光闪烁，他案前的烛火与星光交相辉映；仲夏，调皮的少年无忧无虑地戏闹，他却一人静静地演算习题……

几度风雨，几度春秋，这位聪慧的少年积累了丰富的科学知识。四年的课程，他只用了三年时间全部修完。三年之后，尽管爱丁堡大学给麦克斯韦留下了良好的印象，但是，这个摇篮对于麦克斯韦来说已经显得太狭小了。为了进一步深造，1850年，他在征得了父亲的同意以后，离开了自己的故乡爱丁堡，转到了人才辈出的剑桥大学学习。

剑桥大学是英国首屈一指的高等学府，大学初建于1209年，据说是由于当时牛津大学的学者与当地市民发生纠纷后有一部分愤愤东迁剑桥所致。数百年来，剑桥群星灿烂，科学大师辈出，素有"自然科学的摇篮"之称，科学家牛顿当年曾求学于此，毕业后又在此任数学教授达30年之久；生物学家达尔文也曾是这里的学生。剑桥大学不仅对英国乃至全世界的科学事业和进步事业都作出了巨大贡献，有着深远的影响。

19岁的麦克斯韦怀着无比激动的心情，踏上了剑桥的土地。他刚到这里，就被剑桥浓浓的大学氛围所笼罩着。

剑桥大学的教学建筑多在剑河东岸，河西为各学院的活动场所，以空旷的大片芳草地为主体，如天然织锦。各种草坪是那样的绿、那样鲜活、那样蓬勃，充满了终年不竭的旺盛，眼前美景很难使人不联想到剑桥的莘莘学子孜孜不倦的身影和勇于求索的气概。剑河清流，涟漪微漾，荡开青春的无尽笑意。两岸垂柳与紫枫争艳，独立不倚。几十座石桥、铁桥和木桥横跨，小巧精致，极有韵味；弯弯的小桥旁又有大学生膝间摊开书本研读。岸上小道直通教学区，细沙平软，幽静，散步于此的学生三三两两，个个文质彬彬、精神抖擞，颇有剑桥学子的风度与气质。

初为剑桥"主人"的麦克斯韦心潮澎湃，十分激动。在清新的空气中，他仿佛感觉到科学巨人的呼吸。一幢幢高耸的学院楼紧凑相连，具有典型欧洲建筑风格，古朴、典雅、厚重。建于1816年的匪茨威廉博物馆最为宏伟壮观，精细雕刻华饰斐然。其庭院内一棵大树遒枝劲叶，绿荫蔽日。置身这宁静至圣的气氛里，想象着能够倾听一流教授、导师们的弘博精深的讲课，或做着各种各样有可能改变人类生活和未来世界面貌的高精尖实验，于是便十分自然地对学问产生出一种"永恒的向往"了。

初来乍到的缘故，麦克斯韦对一切都觉得新鲜，他把自己的见闻、感想和学习收获全都写信告诉了远在家乡的父亲。他与父亲保持着差不多一天一封信的联系。这小小的书信成了父子俩沟通情感的纽带。虽不近在咫尺，父亲能够知晓儿子的喜怒哀乐，学业长进与否；儿子也免去了对父亲日思夜想的牵挂。书信中，父亲常常鼓励儿子努力拼搏向科学的高峰攀登；书信中，儿子时时劝慰父亲注意保重身体……

入学的第一年，麦克斯韦在彼得豪斯学院学习，继续攻读数学和物理。

在高等学府里，教学全然不像中学那样，尤其像剑桥这样人才济济的学府。他们实行的是导师责任制度。他们每个学生都跟一位导师，大约每周会面一次，主要是讨论学生所写的作业、论文等，并布置下周学习内容。如果学生人数增多，有的导师需同时辅导两三名学生。学生们听课或讲座从来不点名，学生来否全悉听尊便，是地地道道的"自学为主"。这种宽松的学习氛围，使麦克斯韦更好地发挥了独立思考问题的特长。第二年，他转入了三一学院当上了公费研究生。

麦克斯韦的勤奋使他成为好学生，在考试中他取得了优异成绩，并由此获得了奖学金。那时，三一学院奖学金获得者通常在一起用餐，几个人围坐在一起，边吃饭边讨论一些问题。因为经常与这些佼佼者为伍，麦克斯韦逐渐认识到自己的能力，意识到自己也是一位智力超群、出类拔萃的好学生。他从旁人敬慕的目光中增强了自己的信心，也克服了少年时代孤僻怕羞的缺点，很快地成为活跃分子。

有一天中午，麦克斯韦兴冲冲地夹着书包来吃午饭，他刚刚听完一位物理学教授的讲座。买好了午餐，他坐在自己常坐的位置，向同桌的几位滔滔不绝地谈起了精彩的讲座。他显得很兴奋，恨不得马上就把自己对讲座的看法、评价兜售给大家。听着听着，一位也曾听过该教授讲座的学生发表了个人看法，他对教授的富于启发性感染力的教学方法十分感兴趣，与麦克斯韦十分投机地谈起来。其他几位也不时地插上一两句表明自己的态度，或对有疑问的地方进行提问。

他们这边的高谈阔论引来了众人关注的目光，有人似乎在猜测他们谈论的话题；有人则想能够参加进来那该多好啊；还有许多人为将来能加入这个行列而暗暗较量。

麦克斯韦只顾不停地说，耽误了进餐，等到别人都已经吃完饭了，他才狼吞虎咽地吃了起来。

麦克斯韦的性格发生了很大的变化，他渐渐地走出了少年时孤独的阴影。不久，他又加入了"使徒社"，成为该学术团体的一名成员。这个团体又叫做"精选论文俱乐部"，是专门评选学生中最优秀论文的。十分有趣的是

"使徒社"的名称是根据《圣经》取的。因为耶稣只有12个门徒，"使徒社"也只能由12个成员组成，都是大学里最有才华的人，象征着耶稣的12个门徒，表示他们将来成为未来科学的传播者。剑桥大学每届也只有12个学生属于这个团体。这个团体实际上是一个小小的"皇家学会"，麦克斯韦曾在其中宣读过许多论文。

这个时期，麦克斯韦专攻数学，读了大量的专著，他成了学院图书馆的"座上宾"。天天泡在馆内埋头苦读，为了找到一份资料，他不惜找遍整个图书馆，他要把前人的研究成果全部探究明白，并且试图发现一些别人不曾注意的问题。他先后又发表了两篇论文，内容仍属于几何学或几何光学的领域。麦克斯韦对几何学感兴趣是从少年就开始的。从启蒙教育最初画些简单的图形到发表第一篇论文《椭圆的画法》，以及后来的许多课题都属于该领域的。

1853年，他写的一篇短文中涉及了几何光学的问题，很精彩地处理了所谓"鱼眼"透镜的理想成像规律。这种研究把他带到了几何光学和光学仪器的领域。后来，他进一步研究"鱼眼"，总结出了物点和像点之间不依赖于透镜组的几何关系。他找到了像的纵向放大率M_L、横向放大率M_T和两侧媒质折射率之比之间的定量关系，即

$M_L=(n'/n)M_T$

1867年，他写了题为《论四次圆纹曲面》的论文，发展了像散透镜的几何光学理论。这篇文章表现了数学的优美和做图的精致，而且对问题的发展进行了历史的回顾和评论。在他逝世的前几年，他还继续研究几何光学的问题，曾写论文讨论特征函数对透镜组的应用。除此之外，他还设计过一些光学仪器，并研究过彩色照相技术。

加入了"使徒社"，为学生时代的麦克斯韦提供了广阔的活动舞台。剑桥大学的各种学术团体和俱乐部可以说是剑桥校园文化生活的一大特色。在这里，不仅仅是学术上的相互切磋、共同进步，还包括经常讨论问题、吟诗作画、文体社交或者议论时政，等等。这些活动对于活跃思维、开阔视野起着不可忽视的作用。

麦克斯韦除了经常和俱乐部的朋友们探讨一些学术问题外，还时常应朋友们的要求即兴作诗，共同娱乐。麦克斯韦像历史上的许多伟大的科学家一样，既有卓越的科学成就，又有很深的艺术造诣。比如，发明了电报电码的莫尔斯从前是一位职业画家；生于德国的科学家赫尔姆霍兹、玻尔兹曼是天赋的音乐爱好者；化学大师戴维是一位诗歌高手。麦克斯韦艺术成就主要是诗歌，他的诗歌成就虽然不及诗歌巨匠弥尔顿、罗蒙诺索夫等人，但也自成一体，风格独特。人们不得不承认他是一位才华横溢的学者。

事实上，科学和艺术好比同一棵文化树上结出的两只硕果。他们都从哲学的枝叶中获得养分、摄取阳光，二者之间荣枯相依、关系密切。在麦克斯韦的头脑中，无论是科学的逻辑思维还是艺术的形象思维，二者是相互联系和渗透的。它们都有一个共同的特征，即富于创造性。这种特性，使麦克斯韦在诗歌创作中，充满了丰富的想象力和完美的艺术形象，而这种创造才能一旦应用于科学研究，又将变成攻克难关的不朽动力。

看过麦克斯韦的文章，听过他发表独到见解的人，没有谁怀疑他的实际才能。可是和麦克斯韦交谈的确是一件困难的事。他给人的感觉是思维过于敏捷，跳跃性太大，有时竟让人捉摸不定。再加上他吐字不是很清晰，甚至有些口吃，而且还带有浓重的乡土音，所以，和他谈话，要能够完全跟得上他，完全理解他要表述的内容，真需要费些力气才行。

一天，他正和几位朋友闲谈，谈到课堂上的一个难题，大家正想听听他的高见，他三言两语概括地说了几句，话题就转到另一个问题上了，大爱只好听他对这个问题的想法，谁曾想他又回到了第一个问题。而且前言不搭后语，搞得大家面面相觑。

更有趣的是，有一次，一位学生慕名向麦克斯韦求教。麦克斯韦欣然应允。两个人沿着剑河岸堤，边走边谈。这位学生因为能和麦克斯韦交谈而感到由衷的高兴。他们谈论起对某道题的解法，这个学生真可谓洗耳恭听，生怕错过了哪个关键词语，不能领会麦克斯韦的意思。只见麦克斯韦兴奋地不停地说着，间或地打些手势，眼睛始终眺望着远方，那神情仿佛要拥有整个宇宙。他越往下谈，这个学生越感到费解。学生小心翼翼地提出两个不大理解的问题，麦克斯韦只顾按着自己的思路讲，根本没解释清楚。相反，他还自言自语地常冒出一两个奇怪的问题，比如："死甲虫为什么不导电呢？""活猫和活狗摩擦可以生电吗？"使人莫名其妙。这个学生开始怀疑眼前这位讲话漫无边际、杂乱无章的人是那位写文章条分缕析、鞭辟入里的麦克斯韦吗？花了整整一个晚上，他感觉一无所获。后来他又向麦克斯韦的好朋友询问麦克斯韦其人是否神志有问题，该人哈哈大笑说："麦克斯韦的确是位怪才，不过神志是绝对清醒。你被牵着鼻子走了一个晚上，当然会跟不上他的思路，即使我们这些经常和他打交道的人，也常常会碰上这种情况。不过，我们会毫不客气地让他暂停，或者再重复一遍，如果任由他的思维信马由缰，那也就像你一样了！"

世界上确实有一些人能写不能说，麦克斯韦就是属于这种类型的人。他有过人的睿智、渊博的学识，却说不出来。真所谓"茶壶煮饺子有货倒不出"啊。语言表达能力欠佳，给他后来的教学生涯带来了许多不便。他在阿伯丁的马锐斯凯尔学院任教时，当他第一次登上讲台，说起话来如机枪扫射一般，一堂课的内容半节课就讲完了，他看见座位上的学生大都目瞪口呆，就从头到尾又讲了一遍。结果，学生还是没听懂，学生的思维还是赶不上他的舌头。第一堂课就这样草草而过。他累得满头大汗，学生满肚子意见，校方虽还不好意思说什么，但对他也有看法。

麦克斯韦决定反省自己的讲法。一天清晨，他在树林里练习发音，并面向一片矮树丛比划着滑稽的手势。忽然，从他背后传来了嗤嗤的笑声。麦克斯韦回头一看，是一位身材小巧的姑娘，两眼露出好奇的嘲笑。麦克斯韦一下子窘得满脸通红，赶紧表示自己的神志是清醒的。那个姑娘询问为何这般指手画脚时，麦克斯韦说了自己的苦衷。姑娘粲然一笑,"我教你一个秘诀,如果再讲课时感到收不住速度,就咬住舌头,保险可以镇定下来。"麦克斯韦按照她的说法去做,果然有效。后来,他写信给剑桥大学的朋友说:"谢天谢地,两个月来我在讲台上总算没有闹过笑话。我一旦感到要走火了,立刻咬住自己的舌头,就发不出声音了。"

这段插曲表明麦克斯韦为了改善口头表达能力所做的努力。尽管如此,他的语言还是被很多人不理解。不过,在"使徒社"内,社友们还是把他看做他们当中独一无二的人。麦克斯韦以他雄厚的科研实力征服了大家。

麦克斯韦的确是位奇才,他有惊人的领悟能力。教授的讲座,他理解得最快,他提出的问题,角度特殊,能够抓住问题的要害。他可以一气呵成一篇文章,他能够为了检验一个定理而重复几遍几十遍的演算……他从不在意自己的头发是否凌乱,领带系好了没有,只顾闷在房间里埋头读书。他读书不太讲究系统性,常常是碰到什么读什么,漫无边际。有时却大相径庭,为了钻研一个问题,他接连几周其他什么都不管,直到问题解决为止。他不去跳舞,不参加聚会,饿了,塞两口零食;冷了,随手拿起毛毯围在身上,继续读他的书,研究问题。

像他这样专心致力于读书的人，有时难免闹出笑话。有一回，他为了查找一份资料，在图书馆里整整查了一天，快到闭馆时，他还在书库的一个角落认真地翻阅着，好不容易找到了有用的东西，就如饥似渴地看了起来。他忘记了饥饿，忘记了时间，待到看完想离去时，却发现被反锁在馆里了。原来，管理员一时疏忽，竟忘了书库里的麦克斯韦，以为他早就走了呢，直到第二天早晨才发现麦克斯韦竟然在库房里待了整整一夜！

说起麦克斯韦的奇闻轶事，还有更有意思的呢！据他的一位同学回忆说，一天，教师正在台前讲课，台下静悄悄，几十双眼睛盯着黑板。忽听敲门声，教师说了声："进来！"只见麦克斯韦气喘吁吁地跨进教室。教师惊愕得哑口无言，瞪大眼睛，说不出话来。全班同学哄堂大笑。麦克斯韦莫名其妙，不知发生了什么事情。有位学生摆了摆手指指他的裤子。"哎呀！"麦克斯韦羞得差点掉下眼泪来。原来他只穿着西服，没有穿外面的裤子，竟然穿着睡裤上课来了，看着他的窘态，真让人哭笑不得。因为头一天晚上，他已经睡下，忽然想起关于白天解题的另一种方法，他急忙披衣而起，提笔就写，一直写到天亮。等到他发现上课要迟到了，就胡乱地套上西服，撒腿就往教室跑，却忘记了穿外裤。

他是一位奇才，他对学业的痴迷态度真令人赞叹。他好似一块璞玉，只要再精雕细刻，就会放出耀眼的光彩。他需要名师指点，如果能够遇上伯乐，对他稍加点拨，他必能熠熠生辉。值得庆幸的是，一个偶然的机会，使他终于如愿以偿，成为剑桥大学著名教授、数学家W·霍普金斯的学生。

霍普金斯学识渊博，尤其是数学造诣很高。作为教授，他培养了不少人才。有多方面成就的威廉·汤姆逊和数学家斯托克斯都是他的门下。他既严厉又慈爱，做学问一丝不苟，讲究循序渐进和井井有条。对学生要求也非常严格，因而有"优等生培育家"的美称。

有一次，他想借一本数学专著，就到图书馆来。可是不巧，图书管理员告诉他这本书被一名学生借走了。霍普金斯感到有些奇怪，因为这本书不是一般的学生所能读懂的。他询问借书的学生叫什么名字，管理员告诉他："麦克斯韦。"霍普金斯很想知道这个叫做麦克斯韦的学生是否真能读懂该书。他一路打听，找到了麦克斯韦的住处。

"砰，砰，砰。"他轻轻地敲击门框，没有人应允，他又敲了几下，门内还是没动静。他转过头想要离去，无意间发现门是虚掩着的。他慢慢推开门，悄悄地走了进去。

房间不是很大，室内堆得乱七八糟的。一张床，上面被褥、衣服、书籍杂乱无章，一位年轻的小伙子正在埋头写着什么。书桌上书籍、本子，还有尺子、铅笔等也铺得满满的。霍普金斯走到小伙子背后看到他正从那本数学书里摘抄着什么，笔记本上也涂抹得乱七八糟，毫无条理。霍普金斯不由得对这个年轻人发生了兴趣，拍着他的肩膀，诙谐地说："小伙子，如果条理不清，你永远成不了优秀的数学物理学家！"

麦克斯韦猛然抬起头来，发现教授已站在他身边，他急忙起身，请霍普金斯坐在椅子上，麦克斯韦在一边不知如何是好。他怎么也想不到大名鼎鼎的霍普金斯教授会到他的陋室来。

霍普金斯询问了麦克斯韦对该书的见解，发觉麦克斯韦是一位聪慧过人、难得的好苗子，数学功底比较扎实。于是，麦克斯韦不久就成了他的研究生。

霍普金斯是一位十分优秀的数学教授，麦克斯韦在他的指导下，首先克服了杂乱无章的学习方法。霍普金斯对他的每一个选题，每一步运算都要求很严格。麦克斯韦也决心在导师的帮助下进行严格的训练。他认真完成交给他的每一项工作,比如校阅学生的研究论文。这是一件十分重要但又很烦琐枯燥的事,麦克斯韦却毫无怨言。他说:"我在忙着配置每一件东西,使它能把一切都表现得清清楚楚,叫主试者现在可以满意,学生们从此也受到教育。"

在这一时期,麦克斯韦还参加了剑桥大学的斯托克斯讲座。斯托克斯比麦克斯韦大 12 岁,也曾是霍普金斯的学生。他在数学和流体力学上都有建树,他在数学上的重要发现在科学史上曾经有过记载。经过这两位优秀数学家的指教,麦克斯韦进步很快,不出三年就掌握了当时所有先进的数学方法,成为著名的青年数学家。

霍普金斯对他的评价是:"在我教过的所有学生中,毫无疑问,他是最杰出的一个。"

尤其重要的是,麦克斯韦不是一个抽象的数学家。这一点也要归功于他的老师。历来的数学家有两派,一派以古希腊的毕达哥拉斯为鼻祖,认为世界的本原就是抽象的数,数学决定一切;另一派以 17 世纪的笛卡儿为代表,他指出:数学是客观事物的定量反映,也是一种知识工具。这两种对立的态度,导致了人们对数学持有两种不同的看法。一种把数学看做纯粹的符号，为数学而数学；另一种却把生动的物理学概念同数学结合在一起，把数学当做研究物理的手段。霍普金斯和斯托克斯都属于笛卡儿派。他们都是优秀的数学物理学家。即善于运用数学的方法解决理论问题的物理学家。通常也叫做理论物理学家，要求在数学和物理学方面都有很高的造诣。

麦克斯韦受到他们的直接影响，很重视数学的作用。他一开始就把数学和物理学结合起来。这一点对他以后完成电磁理论是非常重要的。

麦克斯韦在剑桥大学的学习，使他具有广博的知识，他对物理现象更加熟悉和理解，并且擅长使用类比的方法，这使他具有独特的物理直觉，加上丰富的数学知识，更使他如虎添翼。

这其间，他曾因设计了著名的色陀螺，而获得了皇家学会的奖章。

1954年，23岁的麦克斯韦参加了数学学位考试。主考人是斯托克斯，题目涉及曲面积分和线积分，难度较大。事后大家才知道他做的是斯托克斯定理的证明。这个定理成为他后来电磁场理论的重要工具。

这样，麦克斯韦以甲等数学优等生的第二名和史密斯奖第一名的成绩毕业。在剑桥的学习为他后来建立科学上的勋业做好了准备。法国浪漫主义作家乔治·桑说过："在抽剑向敌以前,必须练习好剑术。"麦克斯韦掌握了过硬的本领,他是利器在手,只等冲锋了。

接过法拉第的火炬

1854年麦克斯韦以优异的成绩毕业并留校，在三一学院继续从事他比较喜爱的光学色彩理论的研究。此后不久，他读到了法拉第的《电学实验研究》，立即就被法拉第新颖的实验和见解吸引住了。

19世纪50年代，电学已经进入了理论综合阶段。当时的理论界主要有两种倾向。一是韦伯在牛顿"超距作用"的传统观察基础上所做的综合，第二种就是法拉第的力线学说。学术界对这两种学说看法不一致。尤其是当时"超距学说"盛行，法拉第的力线思想也由于它的奇特性质和模糊不定的形态，很难被人们接受。还有一个重要原因是法拉第的学说还不够严谨。法拉第自幼是铁匠的儿子，数学功夫不够，他的创见都是用直观的形式表达的，一般的理论物理学家都不承认他的学说，认为它不过是一些实验记录。那么法拉第是如何表述电磁相互作用和传递的呢？法拉第于1832年写了一份文件放在英国皇家学院保存。

> 我倾向于把磁力从磁极向外散布，比做受扰动的水面的振动，或者比做声音现象中空气的振动，也就是说，我倾向于认为，振动理论将适用于电和磁的现象，正像它适用于声音，同时又很可能适用于光那样……

事实上，法拉第用形象思维弥补了自己数学方面的不足，用富有启发性的想象提出了电磁场和电磁波动的观念。然而这种直观形象的表述如果不能用严谨的逻辑的方法论证清楚，想使人完全信服也是不太现实的。因此有人公开宣称："谁要是在精确的超距作用和模糊不清的力线观念间有所迟疑，谁就是对牛顿的亵渎！"只有年轻的威廉·汤姆逊独具慧眼，首先研究了它。这位年轻的教授对电学很有研究，曾经多次向法拉第请教。1853年，他用实验证明莱顿瓶放电的振荡现象，推导出计算振荡频率的公式，发表了《瞬变电流》。麦克斯韦读过该论文后非常佩服，向他请教研究电学的门路，汤姆逊也给了麦克斯韦不少帮助。遗憾的是汤姆逊没有把电磁研究坚持下去，他的兴趣很快又转移到其他方面了。麦克斯韦得到他的启发后，确信了法拉第的学说包含着真理。他领悟出力线思想的宝贵价值，决心沿着法拉第开辟的道路研究下去。他也发现了法拉第定性表述的弱点，这个初出茅庐的青年人要用自己的数学才能来弥补这一点。

1855年，24岁的麦克斯韦发表了《论法拉第的力线》，这是他第一篇关于电磁学的论文。文中结合汤姆逊把静电学方程和热流方程相对比的方法考虑了力线，得到了某些很有启发性的结果。他不但注意了两种现象在数量关系上的类似性，而且也强调二者的差异性。这就是麦克斯韦最擅长使用的类比的方法。类比是在两个事物之间，根据一个事物与另一事物某些方面的相似或相同，推测它们可能存在的另一些相似或相同，从而把一类事物的知识或数学公式类推到另一类事物上。它无需对研究的事物先提出一物理假说，而是借用与它类似事物的现象和性质去想象，受到启迪，提出推测，进一步去检验确认它。使用类比的方法不仅为麦克斯韦提供了数学化的途径，而且帮助他理解现象的本质，有了许多重要的发现。1856年麦克斯韦在"使徒社"中作的《自然界中的类比》的报告，从更广阔的角度阐发了这个观点。

麦克斯韦认为："在电学中电势对于电在流体力学中压力对于流体和在热力学中温度对于热，有着共同的关系。电、流体和热全部趋向由一个地方流到另一个地方，只要有势、压力或温度在一个地方高于另一个地方，这种情况就能发生。"在《论法拉第的力线》中，他用力线类比流体中的流线，建立了一个理想的流体模型。通过类比，凭借流体力学知识推导出静电、磁、稳恒电流场的公式。这样的工作给法拉第的力线思想提供了一个基本的数学形式。但这仅仅是"翻译"工作，还没有完全突破法拉第的认识，然而这却是十分重要的一步。因为麦克斯韦一开始就使用了数学方法，而且选定了法拉第学说的精髓——力线思想，当做自己研究的起点。这表明麦克斯韦的科学洞察力确实是不同凡响的。他认定主攻方向，就坚定不移地研究下去。这也是他比汤姆逊高明的地方。因此美国的物理学家埃弗里特说："……麦克斯韦是建筑型的思想家。"正是这种锲而不舍的精神，使麦克斯韦一步一个脚印逐步到达光辉的顶峰。

1855 年，这一年法拉第结束了自己长达 30 多年的电学研究，安享晚年幸福。麦克斯韦的论文发表，标明麦克斯韦已经接过了这位伟大先驱者手里的火炬，开始向电磁领域的纵深挺进。

正当麦克斯韦全力以赴准备攻克电磁研究的新课题

时，忽然收到了父亲病重的消息。从小与父亲相依为命的麦克斯韦放下手中的一切工作，匆匆回到家乡，日夜侍候着年迈病重的父亲。为了照顾父亲，他辞去了剑桥大学的工作，在家乡附近的阿伯丁马锐斯凯尔学院担任自然哲学讲师，讲授物理学。然而他的这片孝心也没能挽留住老人，在1856年的初春之际，老人去世了，麦克斯韦沉浸在悲痛之中。

在阿伯丁的日子里，麦克斯韦因忙于新开的讲座，实在没有时间继续搞研究，对电磁现象的探索只得搁置下来了。但是法拉第的学说却像一团熊熊的烈火，一直在他胸中燃烧，使他不能平静。

在阿伯丁教学，麦克斯韦结识了凯瑟琳，就是上文提到过的麦克斯韦在树林里邂逅的那位姑娘。她是学院院长的女儿，比麦克斯韦大7岁。1858年，他们结了婚。凯瑟琳对他后来的研究工作帮助很大。1860年初夏，马锐斯凯尔学院由于行政上的原因，物理学讲座停办了。28岁的麦克斯韦离开了阿伯丁，来到了伦敦皇家学院任教。他的妻子也随同前往。

麦克斯韦来到首都伦敦，他的心头始终惦记着一件事情。他要亲自拜访法拉第先生。麦克斯韦怎能忘记，每当他夜不能寐的时候，他坐在桌前，借着昏暗的烛光，打开法拉第的巨著《电学实验研究》，他的情绪就十分激动。法拉第，这位他当时还没有见过的伟人，给物理学描绘了一幅多么形象的图画啊！电、磁、光、力线、波动……在它们背后隐藏着什么规律呢？他还记得当他把《论法拉第的力线》的论文寄给在伦敦的法拉第后，不久，他就收到了一封热情洋溢的回信，祝贺他取得的成绩，这给了他莫大的鼓舞。他曾想何时才能和老前辈畅谈电磁，那将是多么令人振奋的事情啊！麦克斯韦终于实现了这个梦想。

这一天终于来到了！麦克斯韦带着自己的妻子，提着一大堆礼物，轻轻地叩开了法拉第的家门。眼前的这位实验大师已年近七旬，两鬓斑白，手中拄着拐杖。

"您是尊敬的法拉第先生?"

"是的，我就是那个普普通通的迈克尔·法拉第。"法拉第一向谦逊，最怕别人恭维他，所以总要在自己的名字面前加上"普普通通"的定语。

"我是您忠实的学生麦克斯韦。"

"你就是写论文谈我的力线的麦克斯韦先生吗?"

"是的。我在您面前，在您的学识面前，不过是一个小孩子。"麦克斯韦整整比法拉第小 40 岁呢。法拉第也没有想到麦克斯韦是如此年轻,两个人紧紧地拥抱在一起。一位实验大师,一位数学天才,这是物理和数学的拥抱,是物理学的大幸。

法拉第说:"我等你等了好久,你终于回伦敦来了。"

"是您身上的磁场太强大了,终于又把我吸引回来。这回不但回到伦敦,还回到皇家学院,回到您的身边。"

法拉第谦虚地笑了一笑说:"可惜我老了。不过还来得及。第谷向开普勒交班时,生命只剩下一年。上帝能再给我一年也就够了。"

"老师您会长寿的。"

"祝我们的新理论长寿吧!"

两个人都高兴得哈哈大笑起来。

这真是一次难忘的会晤,两人一见如故,亲切地交谈起来。

两位伟人看上去是如此的不同,一位是古稀老人,一位年富力强,正值创造盛年。法拉第快活、和蔼;麦克斯韦严肃、机智。老师是一团温暖的火,学生像一把锋利的剑。麦克斯韦不善于言表;法拉第讲起话来侃侃而谈、妙趣横生。一个不精通数学;另一个却对数学运用自如。尽管他们有这么多的不同,但他们对物质世界的看法却产生了共鸣，深信自然界的和谐统一。他们同样重视哲学思维，富有想象力、创造性。在做学问上，同样是认真、刻苦、勤奋、锲而不舍、意志坚强。而在其他方面：性格、爱好、特长等却迥然不同，许多方面甚至是互补的。比如说科研方法，法拉第主要是实验探索；麦克斯韦擅长理论概括。一个描绘了蓝图；另一个将它建成大厦。爱因斯坦曾经把他们称做一对，说他们就像伽利略和牛顿一样，相辅相成。麦克斯韦自己也谈到过这一点："因为人的心灵各有它不同的类型，科学的真理也就应该用种种不同的形式表现，不管它是用具体生动的物理学色彩的定性形式出现，还是用朴素无华的一种符号表示出现，它都应该被当做是同样科学的。"这段话既表达了他对自然的看法，也表现了他对法拉第的尊敬。正因为这样，他才能从法拉第的粗豪的表现形式中看到其深刻的意义。不过，不同的方法，发掘科学的深度也不尽相同。麦克斯韦用数学才能把法拉第用直观形象方式表达的真理总结出来，并且提升到理论的高度，所以他的认识就更深刻，更透入事物的本质，因此更带有普遍性。

法拉第热情地接待了麦克斯韦，并衷心感谢他所做的工作。当麦克斯韦向他求教指点迷津的时候，他说："我不认为自己的学说一定是真理，但是你是真正理解它的人。"他沉思片刻接着说："然而你不应该停留在用数学来解释我的观点，你应当突破它！"

应当突破它！这句话表现了一位伟大科学家的胸怀，它像一盏明灯，照亮了青年物理学家麦克斯韦前进的道路。他立即以极大的热情投入新的研究工作。

回到伦敦皇家学院，麦克斯韦明显觉出伦敦不愧是英国的首都，各方面的条件比阿伯丁不知好多少倍，尤其他为麦克斯韦提供了广阔的科学实验的大舞台。麦克斯韦如今没有一点后顾之忧，全身心地投入到科学研究中去。妻子凯瑟琳精心照料他的饮食起居，同时也帮助他做些力所能及的辅助工作。

麦克斯韦为了进一步探讨法拉第的力线，他设计了"以太模型"。在讨论该模型时，他发现了一个重要的事实，引起了他极大的注意。为了分析介质的性质，他将电的静电单位与电磁单位相除，比值为一个常数，具有速度量纲。麦克斯韦惊奇地发现：它的数值恰好等于光速！是巧合还是光也是一种电磁波？兴奋的麦克斯韦一连几宿都没有睡好觉，他的脑海里闪现的是一幅无比瑰丽的光的电磁波。他让妻子帮他核对了好几遍，确信无疑。这意味着他计算出了电磁波的传播速度同光速是相等的。几天以后，他写信给法拉第报告了这个结果，他信中说，他计算出电磁波的传播速度是"每秒 310 740 公里"而 12 年前菲索用直接实验测定的光速，则为每秒 314 858 公里！这封信寄出的时间是 1861 年 10 月 19 日。法拉第事后是否给他回信，已无从查考。但毫无疑问，正是这个发现，促使麦克斯韦 4 年以后断定光就是电磁波。

麦克斯韦的研究工作渐渐突破了法拉第的观点，他在研究中发现，以前法拉第及许多人在讨论电流产生磁场的时候，指的总是传导电流，也就是在导体中自由电子运动所形成的电流。麦克斯韦感到这个旧概念存在着很大的矛盾。例如，把两块中间夹着介质的金属板（即电容器）接在交变电源上，介质内并不存在自由电荷，也就是说没有传导电流，可是磁场却同样存在。这是为什么呢？法拉第没有解释过。麦克斯韦经过反复思考和分析，最后毅然判断出，这里的磁场是由另一种类型的电流形成的，这种电流在任何电场变化着的电介质中都存在，它和传导电流一起，形成闭合的总电流。麦克斯韦通过严密的数学推导，求出了表示这种电流的方程式，并把这种电流称做"位移电流"。

他的这一思想 1862 年被他写进了《论物理学的力线》一文中。这篇论文是麦克斯韦关于电磁学的第二篇论文，发表在当时英国《哲学杂志》四卷 23 期上，文章一登出，立即引起了物理学上的广泛注意。从理论上引出位移电流的概念，实在是电磁学继法拉第电磁感应以后的一项重大突破。麦克斯韦再一次发挥自己的数学才能，由这一科学的假设出发，推导出两个高度抽象的微分方程式（方程式直到 1865 年才最后完善），这就是著名的麦克斯韦方程式。这组方程式，从两个方面发展了法拉第的成就。一是位移电流，它表明不但变化着的磁场产生电场，而且变化着的电场也产生磁场；二是方程式不但完满地解释了电磁感应现象，而且还在理论上进行了总结。即凡是有磁场变化的地方，它的周围不管是导体或者电介质，都有感应电场存在。电磁现象的规律，经过麦克斯韦创造性的总结，终于被他用不可动摇的数学形式揭示出来。电磁学到这时才开始成为一种科学的理论。

在自然科学史上，只有当一种科学达到了高峰，才可能用数学表示成定律的形式。这些定律不但能够解释已知的物理现象，而且还可以揭示出某些还没有发现的东西。正像牛顿的万有引力定律预见了海王星一样，麦克斯韦在

《论物理学的力线》中，预见了电磁波的存在。电磁波虽然看不见、摸不着，但它的确充满整个空间。麦克斯韦指出，既然交变的电场会产生交变的磁场，交变的磁场又会产生交变的电场，那么，这种交变的电磁场就会用波的形式向空间散布开去。这一年麦克斯韦只有31岁，年轻的科学家对世界电磁理论的发展作出了巨大的贡献。

麦克斯韦的科学研究并未因为取得了一定的成就而戛然止步。相反，麦克斯韦乘胜前进，继续向电磁学领域的深度进军。1865年，麦克斯韦殚精竭虑、孜孜不倦地研究电磁理论，又发表了他的第三篇电磁学的论文《电磁场动力学》。在这篇重要文献中，麦克斯韦方程式更加完善了。他采用法国数学家、力学家拉格朗日和爱尔兰数学家、物理学家哈密顿创立的数学方法，由那组方程式直接推导出了电场和磁场的波动方程，电磁波的传播速度根据那个波动方程的系数计算，正好等于光速！这同他4年以前通过实验推算的那个比值是完全一样的。到了这个时候，电磁波的存在是确定无疑的了！因此麦克斯韦向全世界宣布：光也是一种电磁波。法拉第当年关于光的电磁理论的朦胧猜想，就这样由麦克斯韦变成了科学的理论。法拉第和麦克斯韦的名字，从此联系在一起，就像伽利略和牛顿的名字一样，在物理学上永放光彩。

我们看到，麦克斯韦经过艰苦的探索，终于一步步地推导出了电磁学的重要的理论。他所采用的仍是类比的方法。由此我们可以看到他运用类比是如此纯熟、高超。他不是简单地比较相同之处，更重要的是从同中求异，由差异看到其特殊本质，然后再提出新的类比模型。为此建立了电磁的动力学模型，他深入比较了力线与流线的不同，力线越密处电紧张态越大，斥向压力也越大，而流线越密的地方压力越小流速越快；再从电力线与磁力线的比较看，电解质的运动说明电力是平移运动的，而磁致旋光现象说明磁的运动是一种旋转运动。经过全面的分析比较，他又提出了分子涡旋模型。分子涡旋的概念，把磁场的"涡旋"归之于"以太"。这一系列的类比，基本上都是用一种假想的弹性媒质来说明电磁力的作用。在本质上，这还是一种机械论的观念。但是在实验结果的促使下，他所得出的定量关系却超出了机械论的范围。起初，不论是对麦克斯韦本人还是对和他同时代的人们来说，这种超越还远远不是自觉的，甚至还是令人困惑或痛苦的。只有过了相当的时间，不自觉才慢慢变成了自觉。因此，有人说，对麦克斯韦来说，机械的模型就好像建筑高楼大厦时的脚手架，当楼房建好之后，脚手架就一点一点地被拆掉了。

1865年，麦克斯韦辞去了皇家学院的教学，回到了久别的家乡格伦莱尔，呼吸着家乡清新的空气，麦克斯韦感到自由和舒畅。回过头来仔细想想，十多年来，自己每天忙于科学研究，沉重的科研负担使他无暇顾及庄园的一切，也没有闲情逸致尽享田园乐趣，这次归来他可要安安静静住上一段日子，也省得和那些怀疑电磁理论的学者们唇枪舌剑地争辩。然而，作为一名科学家，科学的使命感使他不能这么做，再说他也舍弃不下自己的事业。他又开始工作了。他要理清思路，认真总结目前电磁学的研究成果。经过几年的艰苦创作，他终于撰写了《电磁学通论》的专著，1873年正式出版。这是一部电磁理论的经典著作，麦克斯韦系统地总结了19世纪中叶前后，库仑、安培、奥斯特、法拉第和他本人对电磁现象的研究成果，建立了完整的电磁理论。这部巨著的诞生完全可以和牛顿的《数学原理》相媲美。牛顿筑起一座经典力学的大厦，麦克斯韦则盖起一座经典电磁学的高楼。《电磁学通论》的出版成了当时物理学界的一件大事。这时麦克斯韦已经被剑桥大学请回任教，他的朋友和学生对这部书期待很久了。人们争先恐后地到书店里去购买，第一版几天就卖完了。

千秋功绩任评说

麦克斯韦的电磁理论，是人类知识宝库中一份博大精深的科学遗产，在历史地位上完全可以和牛顿的力学相提并论，对物理学的发展有着极其重大的意义。然而，任何伟大的理论都需要实践的检验，才能确认其正确与否。麦克斯韦的电磁理论也面临着挑战。他著的专著，虽然被抢购一空，但是真正读懂它的人却寥寥无几。德国物理学家劳厄在《物理学史》中曾经这样评论："尽管麦克斯韦理论具有内在的完美性，并且和一切经验相符合，但是他只能逐渐地被物理学家们接受。它的思想太不平常了，甚至像赫尔姆霍茨和玻尔兹曼这样有异常才能的人，为了理解它也花了几年的力气。"的确，麦克斯韦的理论太高深太抽象了。单是麦克斯韦微分方程就包罗了电荷、电流、电磁、光等自然界一切电磁现象的规律，这些在专业研究人员眼里都是十分复杂的问题，想要一般的人来理解确实是不可思议。关键还有一个更为重要的原因是自从麦克斯韦宣布了他的理论并预见有电磁波后，一直没有人发现电磁波。电磁波到底存在不存在，是检验麦克斯韦理论的关键。在没有发现的年代，尤其是牛顿的超距思想仍占主导地位的年代，许多物理学家，也包括一些很有名望的物理学家，都抱着怀疑至少是观望的态度。就连从前给过麦克斯韦很多帮助对电学很有研究的威廉·汤姆逊，也不敢肯定麦克斯韦的预言是否可靠。因此，他的理论尽管问世，在相当长的时间里没有得到承认。

想想麦克斯韦的一生中被人不理解的事情太多了。中学时期，他的服装同学们不理解，被人称为丑小鸭；大学时期，他的语言被人不理解；工作以后，他的理论又不被理解……麦克斯韦默默忍受着这一切，以无声的争辩，脚踏实地做着自己该做的一切。由于种种原因，他本人也没有去证实自己的理论。他主要是个理论物理学家，就像他的学生弗莱明后来所说的那样，"他从理论上预言了电磁波的存在，但是好像从来没有想到过要用什么实验去证明它。"留给后人做吧，麦克斯韦还有许多事情要做。

事实上，麦克斯韦的伟大成就不单单是在电磁领域，他在许多方面都作出了杰出贡献。如：热力学、分子运动论、天文学、统计物理学、色觉理论，等等。这里不妨简介一二。

麦克斯韦对分子物理学的研究，十分出色，对于经典统计物理理论的建立起到了重要的作用。他与玻尔兹曼共同提出了"各态经历假说"。这个假说是："当力学体系从任一初态开始运动后，只要时间足够长，所有在能量曲面上的一切微观运动状态都要经过。"在平衡态的统计理论中，麦克斯韦和玻尔兹曼提出了"麦玻分布律"。1859年，麦克斯韦还根据数学统计的方法，导出了分子运动的麦克斯韦速度分布律。对非平衡态的统计理论提出了"平均自由程"的概念。

在天文学研究中，麦克斯韦于1859年根据星云假说，从数学上对土星光环进行了分析，证明了不管从什么天体抛出一个气态物质环，都只能够凝缩成如土星环那样的小粒子集合体，决不会形成一个固体行星或卫星。

除了具体的、专门性的科学研究以外，麦克斯韦还做了大量的、有创造性的文献整理工作和科学管理工作。他的一生共写了大约100余篇论文，撰写了4部科学著作。他担任《大英百科全书》第九版的科学编辑，为该书撰写了许多条目。他整理出版了卡文迪许的遗著，并加上了许多很有创见的评注。

特别值得一提的是他对卡文迪许实验室的筹建和领导

工作。在他一生的最后 8 年，他把大部分精力用到了这一方面。这座实验室在 1872 年破土动工，到 1874 年完全竣工，是一位鼓励科学的公爵捐钱修建的。为了办好实验室，麦克斯韦鞠躬尽瘁，有时也用自己为数不多的积蓄购买实验设备。他耗尽了心血，事无巨细都亲自过问，甚至连大门上的题词也不例外。他是实验室的创建人，也是第一任主任。他考虑到实验的具体需要，把实验室设计得别出心裁，甚至一度引起某些人的异议，但他的努力和热诚终于消除了某些人的歧见。他要求实验测量的精密性，不赞成工作中因陋就简。在他的严格要求下，有好几种基础实验的精确度都被提高了好几个数量级。卡文迪许实验室后来成为世界上著名的物理实验室，从这里走出了一批优秀的科学人才。

每天清晨，人们都能看到一位稳重的学者牵着一条大狗向实验室走来，待他检查完一切工作以后，又匆匆离去。熟悉这里的人们知道麦克斯韦教授散步离不开狗，实验也离不开它，它几乎是卡文迪许实验室的标志了。而麦克斯韦沉思时又总是下意识地把手放在坐在身边的狗的身上不时地抚摸着，小声地呼唤着狗的名字……

麦克斯韦最后几年的主要工作都放在了处理实验室的

日常事务和整理卡文迪许留下的遗稿上。为了完成这项工作，麦克斯韦做出了巨大的牺牲，耗尽了精力。除此之外，他每学期都要主讲一门课，内容是电磁学或者热力学。遗憾的是这位著名的教授在讲台上好像从未交过好运气，他的听众不多，他本来就不擅演讲，况且所讲电磁理论又是那样的深奥呢！但他从未放弃过宣传科学的真理。1878年5月，他举行了一次有关电话的科普讲座。他似乎从这新生事物中预感到：将来总有一天他的理论会给这些发明插上双翅，传遍全球。

麦克斯韦的后期生活十分不幸，他的妻子久病不愈，牵扯他许多精力，有时为了照顾妻子，他曾经整整几夜未合眼。他的皱纹增多了，他的脸庞更清瘦了。过分的焦虑和操劳，终于影响了他的健康，曾经夺去了他母亲的肺病又来缠绕着他。这位坚强的学者丛毫没有放弃过与命运的抗争。他挺起胸膛，坚定地走上讲台。这是怎样一幅令人慨叹的情景啊！

空旷的阶梯教室里，只有前排坐着两名学生，他知道学生们听不懂他的思想，一个个都自动缺席了。他侧身问这两个学生："你们为什么不走呢？"一位学生恭敬地站起说："先生的理论我能听懂，太完美和谐了，简直是一门自然美学。"这个学生就是后来发明了电子管的弗莱明。另一位说:"走的人里也有能听懂先生的理论的。但是他们说,现在还没有人用实验找见电磁波,所以也就不相信、不愿听了。"

麦克斯韦说:"会发现的。理论总是要超前一步的。牛顿 1687 年公布万有引力,勒维烈 1846 年才找到海王星,过了 159 年。我相信电磁波的发现不会再等 100 多年了。"麦克斯韦翻开讲义,仿佛不是面对两个听众,而是面对着全世界、面对未来宣讲自己的理论。

1879 年 11 月 5 日,麦克斯韦病逝,终年只有 48 岁。英年早逝,令人痛惜。他的理论为近代科学技术开辟了一条崭新的道路,他为世界物理学的发展作出了不可磨灭的贡献。然而,在他生前,人们没有认识到这点,他所获得的荣誉远远不及法拉第,直到他死后许多年,在赫兹证明了电磁波存在以后人们才意识到,并且公认他是"牛顿以后世界上最伟大的数学物理学家"。

1888 年,德国的青年物理学家赫兹进行了一次巧夺天工的实验——探测电磁波!

赫兹在老师赫尔姆霍茨的影响下,对电磁学进行了深入的研究。在比较已经知道的物理学理论以后,他确认麦克斯韦的理论比各种"超距学说"更令人信服。他决心用实验来检验电磁波是否存在。

他设计了电波环，环的两头分别连着金属球，他将两个金属小球调到一定的位置，中间隔一小段空隙，然后给他们通电，只要尺寸和位置都合适，电波环两个小球中间就有电火花闪现。这说明小球间产生了电场，那么按照麦克斯韦的方程，电场再激发磁场，磁场再激发电场，连续扩散开去，便有电磁波传递。最好有个装置能够接收它。他在离金属球4米远的地方放了一个有缺口的铜环，如果电磁波能飞到那里，那么铜环的缺口间也应有电火花出现。他将一切设计完毕，去按电键。果然，缺口处蓝光闪闪，是电磁波在运动！赫兹不愧是一位伟大的实验家，他通过实验，算出了电磁波的波长，接着又计算出它的速度每秒30万公里，正好等于光速！接着又证明电磁波具有反射、折射、衍射、偏振等光波所具有的各种特性。麦克斯韦的理论得到了彻底的证实，从法拉第到麦克斯韦再到赫兹，两位实验物理学家与一位理论物理学家巧妙的配合终于完成了这一伟大的发现。它比海王星的发现更令人赞叹不已。

赫兹的实验公布后，轰动了全世界的科学界。电磁理论由法拉第开创，麦克斯韦总结，再由赫兹证实，到这个时候才取得了决定性的胜利。只可惜，麦克斯韦没能等到这一天，不过，这位伟大科学家的遗愿终于实现了，他可以含笑九泉了。

赫兹的发现具有划时代的意义，它不但证明了麦克斯韦发现的真理，更重要的是导致了无线电的诞生，开辟了电子技术的新纪元。理论只能解释世界，它只有回到实践中来才能够改造世界。电磁波的发现所产生的影响是十分巨大的，这一点连赫兹本人也没有料到。它是19世纪科学史上一次振奋人心的革命，它使近代科学技术发生了极其深远的变化。6年之后，意大利的马可尼、俄国的波波夫就分别实现了无线电传播，并且很快投入使用。其他无线电技术，也像雨后春笋般地涌现出来。无线电报、无线电广播、无线电导航、无线电话、短波通信、无线电传真、电视、微波通信、雷达以及遥控、遥测、卫星通信、射电天文，等等，都是这个变革的产物，整个物质世界发生了深远的变化。

麦克斯韦以他短暂的一生，建立了不可磨灭的功勋。他卓越的才能和高深的理论，为现代物理学的创立和发展奠定了坚实的基础。他的英名将和电磁理论一样永垂不朽！

罗蒙诺索夫

科学,给青年以养料,给老人以慰藉;她让幸福的生活锦上添花,她在不幸的时刻保护着你。

——罗蒙诺索夫

Михаи́л Васи́льевич Ломоно́сов

渔夫的儿子

　　俄国北方阿尔汉格尔斯克省的北德维纳河里有一个岛，叫做库尔岛。从库尔岛能望到北德维纳河岸上的霍尔莫戈雷城的古老教堂和房屋。沿河向下游走90俄里（1俄里=1.06公里）就到了大港口城市，商业比较繁荣的阿尔汉格尔斯克。从阿尔汉格尔斯克下行30俄里，就是白海。这库尔岛虽是河中间一个不大的小岛，但处于这样的地理位置，也就不免也要卷入一些商业往来活动。但商业活动大多局限在漫长的冬季，整个夏季里渔民们都忙着出海捕鱼。虽然霍尔莫戈雷一带的人居住得离海比较远，但他们可通过北德维纳河为他们提供天然的出海航道，出海去捕鱼、捕海豹、海象等，这一带的居民被称为波莫尔人(当时对白海沿岸从事航海和捕鱼的居民的称呼)。他们之中除了渔民还有农民。

　　库尔岛上的居民不是很多，当时他们并不是十分贫困。岛上有沼泽、草地也有小片可供耕种的土地。这个岛上有个叫米沙宁斯卡雅的小村子，村子里住着一位叫瓦西里·多罗费依奇·罗蒙诺索夫的渔民兼农民。这就是我们的主人公的父亲。

瓦西里·多罗费依奇·罗蒙诺索夫少年时代就成了孤儿，是他的叔叔路卡把他带大的。路卡是一个远近闻名的航海者和渔夫，是位受人尊敬的渔船上的舵手和指挥。瓦西里跟着他一起出海、捕鱼，学了许多东西，在出海、捕鱼方面也积累了丰富的经验。瓦西里快30岁的时候，离开了叔叔路卡，娶了妻子，有了自己的家，开始了家庭生活。

1711年9月，瓦西里的妻子阿莲娜·伊万诺芙娜为他生了个儿子，也是唯一的一个儿子，取名米哈依尔·瓦西里耶维奇·罗蒙诺索夫。夫妇俩把这个小生命视为掌上明珠。有一次瓦西里外出回来，已经是很晚了，他饭也没顾得吃，就走进屋子里的一个黑糊糊的角落里，那儿从天花板上往下吊着一个大摇篮，小米哈依尔就待在那里。他拉开帘儿，往里看了一眼。

"睡啦？"他低声问道。

"睡啦。"阿莲娜·伊万诺芙娜答道。

他把腰弯得更低一些，脸快贴在儿子的脸上。然后回过头来对妻子说："你看，阿莲娜·伊万诺芙娜，他睁着大眼睛到处张望呢!"

阿莲娜·伊万诺夫娜走近摇篮。

"是吗?"她摇摇头说:"你这是怎么啦,小儿子,还玩呢?是不是把时间都给忘啦?现在是夜里,很晚了,该睡啦,米申卡(对米哈依尔的昵称)!"

一双睁得大大的眼睛从摇篮里向外探望,仿佛他想看到人世间的一切!

"米哈依尔,米哈依尔!我的儿子!"父亲用那只饱经海上风霜吹打、海水浸泡而变得粗糙的大手抚摸着孩子绸缎般的软发。"睡吧,听见吗,该睡了。真有你的,看了个够……准是个机……机灵鬼!"他一面脱衣服一面向阿莲娜·伊万诺芙娜夸赞自己的孩子。

是的,青年之家的乐趣来自孩子,没有孩子,家庭生活就显得枯燥乏味,不仅瓦西里这样感觉,恐怕别人也有这样的体会。

转眼之间,米哈依尔已经长成了一个身体健康、结实、伶俐的孩子。他满屋子跑着、跳着,博得了父母的欢心。作为渔民之家,他们还有什么所图呢?瞅着这么一个欢蹦乱跳的儿子太太平平地过日子就是最大的满足!孩子维系着家庭,父母由于爱孩子而更加照顾到温暖的家庭。

瓦西里是个体力好、能吃苦耐劳，而又有进取心的人。每年从春到秋，他出海捕鱼，顽强的劳动换来了比其他人更多的一点钱。阿莲娜·伊万诺芙娜一天到晚，照顾着孩子，手不离针、针不离手忙个不停。共同的辛劳，使家庭事务井井有条，家庭生活在当地还称得上幸福美满。虽然比较富裕，他们还是过惯了省吃俭用的节俭日子。

俗话说：龙生龙，凤生凤，老鼠的儿子生来会打洞。渔民的儿子不说个个是渔民，但自然环境的影响，使他们从小就与水和船有着不解之缘。库尔岛上每一家的小孩子，都在很小的时候就学会了划船和驾船，年及七八岁，他们就可以独自驾着小船在河上划出很远很远，他们自己也不急着回来，家长也放心，不急着出去找，只要不是黑天。

米哈依尔七八岁的时候，大概也不止一次地同其他男孩一起驾着船离开库尔岛，到霍尔莫戈雷城去。当时这座城虽然还是一座不太繁华的小城，但对七八岁的孩子来说可是大开眼界了。那里的许多店铺和手工作坊都是村子里所见不到的。他们在城里逛马路，到处都感到新鲜，到处也都想去看看。铁匠铺里在锻制渔船上使用的沉重的铁锚，打绳场上在打制各种绳索，店铺里陈列着商人们从遥远的莫斯科贩运来的各种货物。

有时，米哈依尔和小伙伴们站在一所小房敞开的窗子旁边，远远地观看雕刻匠独具匠心地在海象骨板上刻着奇妙的花纹。坐着小船回库尔岛的时候，孩子们谈论着霍尔莫戈雷的见闻，都想能再到那里去玩，尽管家里对他们这种私自出门是要狠狠责骂的。

米哈依尔在同龄的孩子中，他比其他孩子长得又高大又结实，父母看在眼里，乐在心上。他们看着这样的孩子过日子心里有说不出的高兴，心里寻思着，这孩子大手大脚的，将来准错不了，出海捕鱼蛮行。瓦西里也有意在培养儿子对船和海的兴趣，目的是想让米哈依尔多接触一些有关这方面的知识，将来好接替自己出色地完成这一行。他时常带着米哈依尔出海给他介绍出海捕鱼的经验。

有一次，瓦西里带着米哈依尔参观一个大造船厂。小男孩高高的个子，宽宽的肩膀，动作敏捷而果断，一双水灵灵的大眼睛好奇地注视着周围发生的一切。

造船老师傅叶列麦大叔爱抚地拍拍小男孩的肩膀，口里叫着"好船！"他觉得未来船主结实的身体和这崭新的大木船是很相称的。于是对身边的小男孩说："坐上这样的船，哪怕是走到天涯海角，也能经得起风吹浪打。这是我们造的第一艘新式船，是你父亲的……"

小男孩仔细地观察着船的每一部分，摸摸这，碰碰那，充满了好奇心。这叶列麦大叔和米哈依尔的父亲有过多年的交往，可米哈依尔，叶列麦还是头一次见到。他看着米哈依尔长得结结实实、虎头虎脑的样子，心里寻思着，将来准像他爸爸一样，是一个海上的好舵手，不由自主地对米哈依尔增添了许多喜欢。

可这米哈依尔也并不陌生，好像他就是船主似的，关心着造船和航海。他一面敲击着船板，一面说，叶列麦大叔，别忘了给横梁多涂点铅丹，否则，船会腐烂的。叶列麦大叔默默地使了个眼色，好像说，小孩子，这就用不着你操心了。

这些梁板木真棒，它硬得像石头。小男孩用小拳头敲打着船板，顺口又向叶列麦大叔发问了：要是船往一侧摆动，那会怎么样啊？叶列麦大叔一边工作，一边看着小孩子：这就得看风向如何了，要是逆风，你就不用把舵盘握得太紧。就拿刮北风来说吧，自古以来它都是很猛烈的……"

小孩子心想，这造船和航海都必须得有技术和经验，如果把这些技术和经验都写在纸上，那后人一看不就知道怎么回事了吗？于是又问叶列麦大叔，能不能这样做，叶列麦大叔说，那是科学家要干的，不关我们的事。小孩子又问，真的有科学家吗？要是有这样的科学家，他预先能知道天气的好坏，把这一切都通知给航海的人，那出海就很少出差错了，对不对？

叶列麦大叔略微想了想说："还真有这样的学问，听说我们的沙皇彼德（彼得一世，又称"彼得大帝"。俄国沙皇1682年至1725年在位）就是为了寻求这种学问而亲自出国考察过。从彼得开始，我们才开始把先进的西方的东西传入俄国，是彼得倡导我们向西方学习，我们才知道学习。我有个妹夫从莫斯科到这儿来过，他说，根据沙皇的诏书，他的儿子被派往国外留学。他还说，谁有聪明才智，沙皇就派谁到国外去学文化！"

米哈依尔半信半疑地望着叶列麦大叔，叶列麦大叔继续说，科学这事，我也听说过，但是些什么，我怎么也想不起来了，不过，这种书倒是有。

有这种书？米哈依尔问，咳，相信我的话好了，有那么一种书，上边不光是航海造船，什么事都有。

正在这时，米哈依尔的父亲瓦西里·多罗费依奇走了过来，他听着儿子和叶列麦大叔的谈话，心里觉得好笑。

他慢慢悠悠地走过来，看着这船和船上的儿子心想：米哈依尔，你个机灵鬼，还想入非非的，用不着那么多，能学会我这两下子也就够用的了，将来这船主就是你的了，因为我恐怕活不到船坏的时候。于是招呼着米哈依尔，要给这船取个名字，米哈依尔说就叫"海鸥"吧。父亲也就同意了。

这个造船厂叫巴热宁造船厂，离霍尔莫戈雷只有12俄里左右。自从叶列麦大叔给瓦西里·多罗费依奇造船以来，米哈依尔多次来到过这里，并和叶列麦大叔结成了好朋友。叶列麦大叔老早就答应过，要领米哈依尔在厂里到处转转。可这时瓦西里·多罗费依奇不自觉地拉着米哈依尔的衣袖，准备回家。米哈依尔趁机一抽手，跑到叶列麦大叔跟前：

"叶列麦大叔，还记得吗，你不是答应过我，等船造个差不多就领我到各处去看看吗？你忘啦？"

"米哈依尔·瓦西里耶维奇，你这个小鬼，什么都想看看，什么都想知道，一会也不让人安静。谁让我答应你啦！"

"太好了，太好了！"

"既然这么想看，就走吧。瓦西里·多罗费依奇，要是你愿意的话,也跟着走走吧。"

老师傅边说边领着他们父子俩慢慢地走着,到处指点着,解说着。米哈依尔对周围的一切都看了个仔细。外国工匠(大多是荷兰人)的谈话声,工人们的笑声,造好的船体,一根根的桅杆,远看是那么纤细。所有这一切,都深深地吸引着米哈依尔。

观看完了,天色已经不早了,他们登上小船,开始返航了。米哈依尔使劲地摇着橹,竭力表现出他划得并不比父亲差。今天他的感觉非同寻常,浑身上下有的是力气,似乎自己已经是一个身强力壮的大人了,与此同时,他心里产生了一种想要干一番大事业的强烈愿望。

夜幕就要降临了,米哈依尔用力划着,突然一只由荷兰水手划的小舢板,迎面向他驶来。

米哈依尔不由自主地问道:"爸爸,为什么要荷兰人到我们这儿来干活呀?"

"因为他们会干。"

"可我们也会呀!"

"会是会。可不是全都会。"

"为什么不全都会?"

"因为不是什么活都能学会。"

"那为什么不学呢？彼得沙皇不是命令大家都得学习吗？"

"行了，孩子，别总是没完没了的为什么，为什么。这就是说，没地方去学……桨不要吃水太深，在水面上划就行了。"

米哈依尔好像是没听见，仍然使劲地划桨，嘴里倔犟地吐出了一句：

"我们就不该比荷兰人差。我们一定能学会！"

"得了，得了，"瓦西里·多罗费依奇笑了，"恐怕你的手麻了吧？"

"一点也不麻，"儿子不服地回答说，又把桨深深地插到水里去。父亲望着儿子的身影心里十分快乐。可是瓦西里·多罗费依奇快乐幸福的家庭生活很快出现了不幸。

米哈依尔十来岁的时候，他的慈祥的母亲离开了人世。米哈依尔整日的思念，母亲的身影、母亲的音容笑貌，无时无刻不在他的头脑中回荡着。幸亏母亲在世时，说服父亲收养了邻居的一个小女孩，一个父母双亡的孤儿玛舒特卡。父亲出门时，米哈依尔和玛舒特卡在一起，以慰藉悲哀，解除孤闷。

两个孩子放在家里，瓦西里·多罗费依奇出海也很不放心，家里的事务也没人料理，瓦西里在阿莲娜·伊万诺芙娜去世后两年，他又娶了一房妻子。可好景不长，这个妻子又死了。不久，瓦西里又第三次结婚。无人料理的家务很快由这个揽权好势的继母料理得井井有条，而对米哈依尔和玛舒特卡来说，倒霉的日子也就从此开始了。

米哈依尔由过去"母亲的眼珠"变成了现在继母的"眼中钉"，他生性倔强，又讨不得继母喜欢。平时在家里继母总是责骂他这也不是那也不是，米哈依尔早就不想待在家里了。也许有人要问，米哈依尔怎么不上学呀？在18世纪初期的俄国，一般的村镇是没有学校的，只有像彼得堡、莫斯科这样的大城市才有学校，乡下的儿童全是待在家里的。

一天，继母对着米哈依尔的父亲说话了，"你看呀，瓦西里·多罗费依奇，你儿子越长越结实，懒得什么活也不干。带他一起出海当个杂工吧，这些活他很快就能习惯的。"

这是米哈依尔巴不得的。瓦西里想，反正在家里也和继母闹不和，还不如出去闯一闯。于是决定带米哈依尔出海。可是他又想，孩子还小啊，要是他妈妈还活着，一定不会让孩子去的。出海实在是太远了，太艰苦了。但又有什么办法呢？坚强的瓦西里想到这里不免有些心酸。

米哈依尔听说父亲要带他下渔场，就去看了那些还留在村里的孩子，像一个考上学校的孩子，去看那些还没有长到他这种年龄的孩子一样。

米哈依尔跟随父亲出海捕鱼的同时，不知不觉地学到了许多关于航海和捕鱼的知识。

"今年冰一定很多。喀拉海一定要让冰给堵塞很久。"瓦西里说。

"你怎么知道的？"米哈依尔问。

"如果你想知道在什么地方要遇上冰，你就要注意风往哪里刮。"父亲解释说。

大家谈起瓦西里，都说他捕鱼很成功，他之所以成功，就是因为他熟悉海上生活，有丰富的经验。

"在这个星期里，鳕鱼是不会到海岸附近来的，"瓦西里说。

"为什么？"米哈依尔问。

于是父亲就给他讲解，在什么天气里，鱼喜欢到什么水域去找食物。

"你要注意海鸥往哪里飞。海鸥是我们的弟兄，是渔夫。"瓦西里说。

他讲述怎样察看海鸥的飞行,就能够追踪到鱼群行进的路线。

"海鸥知道海上什么地方有鱼群,它在什么地方盘旋,你捕鱼就到那个地方去。你若见海鸥叼着鱼,这就表示它要去喂小鸟。海鸥的巢筑在岸上。你看见叼着鱼的海鸥往哪里飞,你就会知道哪里是陆地。有时在远洋航行中,凭这个就能猜测出哪个方向一定有海岛。"

开始捕鱼后,杂工的工作也是很多的。他帮着父亲把网拽上船,然后用双手把鱼一条一条地从网上摘下来,全部放在船舱里,然后再把网撒入水中。鱼装多了大船承受不了,还得用小渔船把鱼运上岸,用冻得发红的双手破鱼肚,洗干净,一条一条地丢进大木桶里,撒上盐。刚刚做完一网,就得接着做第二网,休息是不可能的。最困难的时候,是在海上遇到风暴,小小的渔船在海里就像荡秋千一样忽上忽下。浪花打进船里,就要不断地排除船上的水。为了不摔倒,米哈依尔双腿大大叉开,整天整天地工作着。盐水、海水侵蚀着双手,腰酸腿痛再难忍也得挺住。

瓦西里·多罗费依奇这样对儿子说:"海洋是固执的,如果你不比它更固执,你就要完蛋!"

不仅父亲是坚强的，和米哈依尔在一起的许多海员和渔夫都是久经磨炼的、勇敢的、坚强的人。坚强的人，艰苦的劳动，不知不觉已把米哈依尔锻炼成了一个在劳动中表现顽强、在危机中表现果断的人。

一晃几年过去了，14岁的米哈依尔·瓦西里耶维奇·罗蒙诺索夫已经长成了身材高大、又有力气又有胆识的勇敢少年了。

瓦西里就在那年夏天乘自己的船去可拉半岛。米哈依尔在那里认识了那些移居到海边来捕鱼的洛巴里人。这是些身材矮小、温和、心地善良的人。他们友善地接待高大的俄罗斯人，米哈依尔很快地就和当地的青年人玩了起来。

有一次，米哈依尔提议和洛巴里人比比力气。他在岸边选了一根比较粗的木棒，用两手紧紧握着，挑战说：

"谁能把我拉过去！"

一个洛巴里人握着棍子的另一面，两腿稳立在地上。双方都叫足了力气，只见米哈依尔用力向自己怀里一拉，拉得那样有力，那个洛巴里人晃了一下，就脸朝下来了一个嘴啃泥。眼见没有办法对付这个俄罗斯少年，洛巴里人聚在一起商量一下，最后决定轮流上阵，可结果是一个一

Михаил Васильевич Ломоносов

个地败下阵来。后来，14 岁的米哈依尔竟拉赢了那些 30 来岁的男子汉。

这米哈依尔不仅有力气，还很有智慧和眼光。为了腌鱼，瓦西里每年要买很多的盐。有一次，瓦西里带着自己的儿子去买盐，他们来到熬盐场，米哈依尔就详细打听着盐的制法。他什么都想看看，什么都想知道，当时他们买的盐已装在船上，可米哈依尔却不想急着走，一直等到熬出了白净净的盐后，他明白了整个过程才肯离去。

从那以后，米哈依尔学会了怎样买盐，他父亲不止一次地让他独自一人去盐场，他买回的盐质量又好又便宜。

瓦西里眼看着自己的儿子成长起来，他指望着再过几年，攒几个钱，给米哈依尔成个家，把自己的渔船交给这一双坚强有力的手，自己也好跟着儿子过点安安稳稳的日子。

按理说有这么个身强力壮的儿子，将来又能接替自己的事业，这是别人家求之不得的。瓦西里心里盘算着，这步棋他走定了，他似乎是稳操胜券了。

可是，他哪里知道米哈依尔的内心在想什么，他想读书，他想学习科学知识。

苦辣艰辛的学前求知

瓦西里·多罗费依奇不识字,他的妻子,米哈依尔的母亲阿莲娜·伊万诺芙娜出生于神父家庭,她不仅识字,还能阅读《圣经》,所以瓦西里家里的唯一一本书就是放在神龛前的那本《圣经》。阿莲娜·伊万诺芙娜闲暇时间就坐下来阅读。

平时阿莲娜·伊万诺芙娜忙着做家务的时候,就在地板上铺上一条干净的地毯,上面放上坐垫,摆上玩具,让小米哈依尔自己玩。

一天,米哈依尔玩腻了小圆木做成的玩具,忽然看见大猫坐在他身旁,他刚想去抓猫,只见那猫站起来伸着懒腰,不慌不忙地离他远去了。小男孩急得要哭了,瞅着猫去的地方还没来得及哭,刚一张嘴,就咧着嘴呆住了:原来他看见桌上那干净的桌布上面摆着一本大书。书打开放着,书皮两侧解开的金属环还发着光,书里还夹着一条蓝色的书页带。

小米哈依尔根本不知道那是什么东西,更不用说它上面写着什么。他本能地站起来,趔趔趄趄地向桌子走去,决心得到那本书。他费力地好不容易走到桌前,刚要伸手够那东西,就听见母亲说话了:

"米申卡,"她轻声说,但语调异乎寻常的严厉,"别动这个,孩子。这可不是玩的,这——是——书。"

"书,"他用还不大听使唤的舌头艰难地吐出了这个词(俄文的"书"不是一个单音),而且更执拗地要去动这个奇怪的玩意儿。

"米申卡,难道你没听见吗?"母亲以更高更威严的口气说:"你真是个倔孩子!难道这书是可以随便玩的吗?"她态度坚决地站起来,把书放到神龛中的圣像旁边,在大人眼里,这个圣像的位置是不准乱摸乱动的。

小孩子哪知道这些,他又哪管这些,他双手抓住神龛边,再次下决心要把那东西拿到手,母亲用手阻拦他,他"哇"的一声哭了起来,对于这么大的孩子来说,哭 就是最得力的反抗。

正巧这时,瓦西里从屋外推门进来了,他不顾一切跑过去,弯腰抱起米哈依尔,高高举到空中,脸对脸地看着儿子那双挂满泪花的眼睛,嘴里问道:

"儿子,儿子!你哭什么呀!"

"你瞧他想要什么呀？他想要那本《圣经》。"阿莲娜·伊万诺夫娜微笑道。

"你怎么不给他？"

"那怎么能给他呀，瓦西里·多罗费依奇？这又不是玩具。等他长大了再看呗，小孩子不许看。"但是，这种禁令的有效期限是不长的。

一年多以后，米哈依尔已经能到处乱跑了，他不用母亲拿，自己的手脚都听使唤了。

一天雨夜，瓦西里外出不在家，阿莲娜·伊万诺芙娜收拾完家务，坐下来，拨亮了灯，小心翼翼地把书放在干净的桌子上，打开了扣环。这时，儿子不知不觉地走过来，一只结实的小手抓住了阿莲娜的手，他的两只眼睛好奇地看着这件新鲜玩意儿：亮晶晶的扣环和一条蓝莹莹的书页带。

"你呀，真是个小机灵鬼！"母亲笑了，"又想玩书了不是？哎，你要什么呀？是扣环？看吧！喏，就是这样的！"

小孩子似乎觉得光看看扣环还不够，他还想看看书。他伸手使劲一拉，把书拖到地板上，阿莲娜毫不客气从他手里夺过书，小儿子也毫不示弱，放声大哭起来，这哭声竟淹没了不断拍打着窗棂的雨声,淹没了周围的一切声音。母亲拿他没有办法,只好把他抱起来,放在膝盖上,打开书给他看。

"喏,看吧!这回你该满意了吧!小傻瓜,看见了吧,这些是字母。这是大写,这是花体。这是一体圣经。怎么能把它放在地板上玩呢?"儿子还在哭,母亲就吓唬说:

"你听见雨神在敲窗子吗?他不准小孩啼哭。你知道不听话的人会怎么样吗?你听书里是怎么说的:人们不听老天爷的话,谁的话也不听,老天爷就会派雨神来处罚他,就像现在这个样子。"

接着,母亲讲着圣经里的故事,儿子细心地听着,时不时地还向母亲发问,直到打着瞌睡最后在母亲的怀中安详地入睡……

从此以后,米哈依尔再也不把书拖到地板上了,一看见母亲手里没活,就拉母亲拿起那本书给他讲讲,母亲寻思着,光给他讲故事,还倒不如教他识几个字,于是就手指着书说:

"喂,看吧,你这个爱刨根问底的小家伙,你知道这个用红颜色圈上的这个花体字母念什么?它就是俄文中的第一个字母。"

小米申卡仔细地看着，母亲让他把一页书中的这个字母找出来，他找啊找……后来再翻开书的时候，他就兴高采烈地找他所认识的那唯一一个字母。母亲用同样的方法教他认识了许多字母。

过了一些天，瓦西里夫妇俩在屋里呆着没事，阿莲娜·伊万诺芙娜对丈夫说：

"前些日子，米中卡半天半天都在看圣经里的字母，他什么都想知道，他是那样的用心，我看，到秋天，咱们把他交给在教堂读圣经的尼基蒂奇，该让他学着念书了。"

"得啦，你还想要他干什么！"父亲埋怨开了："不念书不也一样嘛，我不也活了大半辈子了，生活也不比左邻右舍差。"

"瓦西里·多罗费依奇，不管怎么说，念点书总归好些吧。记记账啊或是干点别的什么的。至于怎么好，你看着办吧！"

论家庭条件，孩子读书那几个钱还不算什么，瓦西里自己现在还身强力壮，挣钱还比较容易，孩子就是不去教堂学习，也是待在家里，还得有人看他。他自己愿意学，就索性让他去吧。再说，他母亲已决定了，父亲也没必要干涉，干涉也没有用。

教堂职员尼基蒂奇年岁已经很大了,他早晨照例要出去做晨祷,他还没回来,阿莲娜·伊万诺夫娜领着米哈依尔已经在他家等候多时了。他刚回到家在门廊里还没进屋,老伴就告诉他有人在等他了。他说:要是神父打发来的,就让他们先等一会吧。

什么呀!是瓦西里·多罗费依奇·罗蒙诺索夫的妻子领着儿子在等你呢。

瓦西里一家在村子里是很受人尊敬的。尼基蒂奇听了以后,哪里还想怠慢,他寻思是不是瓦西里·多罗费依奇家里发生了什么事情。瓦西里夫人从座位上站起来,拉着儿子的手,向教堂职员深深地鞠了一躬。

"尼基蒂奇,我把儿子米哈依尔给您带来了。您收下他吧!教他读书,他是个聪明的孩子。"

尼基蒂奇十分信赖地看看米哈依尔。

"他多大啦?我想不起来了。"

"8岁了,"米哈依尔毫不含糊地答道。

"好,好,是你自己想念书呢,还是你父亲瓦西里·多罗费依奇强迫你来的?"

"是我自己愿意。"孩子一边回答,一边十分好奇地看着书架上堆放的书。

开学第一天，尼基蒂奇面前的桌子上放着一本识字课本和一根教鞭。但他并没有打开识字课本。他咳嗽了一声，看着小孩全神贯注地盯着他的那双眼睛，说：

"小家伙，现在我们要走一条求知之路。这条路，既有艰难险阻，又充满着无限乐趣。你知道吗？我们需要学习很多东西，要读很多书。书里叙述了非凡深奥的道理，人们掌握这些道理，就会具有聪明的才智……但是，通往这条路，并无捷径可走，必须付出极大的努力，孜孜不倦，沿着知识的阶梯，一点儿一点儿攀登，这就是说学习要付出十分巨大的劳动。"

尼基蒂奇说完这些话，把桌子上的识字课本拿了起来。继续说：

"现在你们看，识字课本就是攀登这个阶梯的头一步。你认识了这些字母，你就学会把它们拼在一起，这叫'音节'。这是学习的第二步。第三步，我们就不再学音节了，而是单词，也就是说要学上帝的话。掌握了单词，你就可以在学习中干一番大事了。好了，现在我们来学第一本书，这本书通常也叫日课经（古时人们作学习阅读之用的书）。

"这本书里什么知识都有吗？我就是需要一本什么知

识都有的书。"米哈依尔说。

"关于什么知识都有的书……什么知识都有……尼基蒂奇重复着。

米哈依尔兴奋地注视着教堂职员的严肃的面孔。

"对，关于冬天……关于夏天……哪里是大地的尽头……还有星星为什么不会掉下来……那里什么都有！"

听了这话，老尼基蒂奇由严肃变得冷酷无情了。

"这些东西都是谁告诉你这个该死的？是谁教给你这些胡说八道的东西，啊？你是个什么人？说呀，你是什么人？"

"我是米哈依尔，"学生回答说。

"你不是米哈依尔，是尘世的骸骨，是尘埃和灰尘。你有啥了不起的？认为自己什么都懂！你每星期三和星期五吃荤吗？"他突然改口问道。

"我们吃鱼，"米哈依尔答道。

"今后不许吃鱼，从今天起就连乳制品也不能吃，直到取消对你的禁令为止。为了根绝你刚产生的那种骄傲思想必须这样，而且要乖乖地顺从理智。阿门！"

一个新的学生，一个什么都想知道的学生，一个比其他同龄人懂得的东西多的学生，开学第一天就受到这样的惩罚，这实在是不公平！

没过多久，老尼基蒂奇病倒了。米哈依尔打算再另找一个人教他。找谁呢？他马上想到了舒勃内叔叔。这个伊万·阿法纳西耶维奇·舒勃内是十里八村远近闻名的人物，他是个生意人，文化水平相当高，读、写、算，样样都行。一天晚上他正忙着算账，一个小男孩来到了他的面前。

"舒勃内叔叔！"

伊万·阿法纳西耶维奇平时是不喜欢小孩子的，他刚想说"滚蛋！"可看到这小男孩脸上流露出的热切期待，他到嘴边的话又咽了下去。他知道这小男孩是瓦西里家里的孩子，而且，他和瓦西里·多罗费依奇也有过交往，看样子，这孩子这时来准是有事。

"你有事吗？"他问了一句，语调温和多了。"你来干什么？"

"我要学习。我要学文化。"

这是舒勃内第一次接待孩子，而且是使他莫名其妙。

"这是怎么回事？"

"尼基蒂奇教我学到字母'M'就病倒了……可我现在没人教了……"

Михаи́л Васи́льевич Ломоно́бсов

"噢,原来是这么回事,你是想让我接着字母'M',继续往上教你罗?"

"教我吧,舒勃内叔叔!"小客人恳求说。

"这件事可得好好考虑考虑,这可是件大事啊!"

米哈依尔稳稳地坐在长凳上,耐心地等待着,直到主人考虑好为止。

米哈依尔看见墙上的画像,看到室内陈列的雕塑,一切都是那么新奇,他问了舒勃内好多东西。二人谈话十分投机,最后主人决定教他了。这样,米哈依尔跟着舒勃内学完了全部字母。

过了不久,米哈依尔的母亲离开了人世。继母不要说是送他去读书,就是在家里读书她也不让,对米哈依尔进行讽刺、挖苦,在瓦西里面前说他的坏话:

"米哈依尔总是在念书,他是想比父亲更聪明些哩!"

"那么大的人,整天待在家里看书吃闲饭,也真做得过去。"

他越是看书,她就越是生气,她一面揉着面,一面骂着米哈依尔:

"不要脸的东西,等着瞧吧,我看你书啃够了,人也变成傻瓜了。你给我滚出去!"

米哈依尔连人带书被继母一起赶出了温暖的屋子。他来到了房后放盐和干鱼的旧板棚里，这里阴暗潮湿，虫蚊多得数不胜数，还有一股呛鼻的发霉味。他把一个破木箱子翻过来作为桌子，整天待在里面读啊读。夜晚，一盏廉价的蜡灯吐着微弱而颤抖的火苗，风从板缝吹进来，眼看就要把这灯光吹灭了，这时便有只小手小心翼翼地挡住蜡头……

"米哈依尔点灯在棚子里看书，那里板啊网啊的，早晚不惹出事来，不着起火来才怪呢。那么大了，上船帮着干点活也行了。"继母对父亲说。

米哈依尔呆在家里的权利被剥夺了，他跟着父亲出海当杂工，看书学习的生活中断了，他是多么的想有机会再看书啊！

他干活能干又能找到窍门，瓦西里和所有的渔夫们都很满意。父亲准备奖赏他：

"喂，米哈依尔，你活干得很出色，得奖给你点什么？到秋天给你买件鹿皮袄好吗？"

米哈依尔有点不好意思地看了看父亲，脆声声地回答：

"除了书以外，我什么都不要，我什么都有。"

渔民们都开心地笑了，可瓦西里·多罗费依奇却把脸沉下来。

"书家里都有，赞美诗集和日课经你不是已经跟教堂职员学完了吗？"

"不是这些书，我要那种书，里面什么都有……什么都讲的书。"小孩子打断父亲的话。

瓦西里·多罗费依奇的脸色难看极了。

"哼！世界上根本就没有那样的书，就是有，我也不能给你买。你不能把功夫都花在读书上边，你得专心干出海捕鱼，你就应该这样做，那是没有考虑余地的。"

小胳膊哪里扭得过大腿，米哈依尔沉默了。

瓦西里眼看着儿子长大了，他这样一条路跑到黑，走火入魔的学习也不是个事，得想办法把他稳住，于是就开始张罗着给他说媳妇。

一天吃过午饭以后，瓦西里·多罗费依奇和米哈依尔的继母商量着什么，他们还躲躲闪闪的，生怕米哈依尔听到。不一会，父亲走过来对米哈依尔说：

"换上件漂亮的衣服，咱们做客去。"

"去谁家呀？"米哈依尔问。

"到杜金家去。"父亲答到。

米哈依尔穿上件衬衫，外边又套上件鹿皮外套，跟着父亲来到了杜金家。

看来这杜金家里早有准备，桌子上的东西丰盛得像过节一样。瓦西里·多罗费依奇和杜金闲聊着，什么秋天的捕鱼量，什么造船厂的工作，什么挪威商人，等等。表面上看好像是做客，边吃边谈，但他们两个人背地里有勾当。谈话过程中，两人的眼睛多次地端详米哈依尔，尤其是杜金。米哈依尔的父亲也几次打量着主人的女儿帕拉莎。这帕拉莎本来就绯红的脸蛋，现在已经变得深红了。

这米哈依尔他不是傻瓜，他看到今天的这个场面，早已心领神会了。他想：

他可以像他父亲一样地度过剩余的时光，"海鸥号"将来的舵手就是他，他就像现在的父亲一样，带上自己的大儿子出海。帕拉莎在家做饭洗衣操持家务，夫妻俩不停地劳作，收入成倍地增加。他也可以像父亲那样找人聊聊鱼价，唠唠出海的有关事宜。帕拉莎人也不错，将来的日子也肯定错不了。只是，只是他永远也不会实现他渴求知识的强烈愿望，永远也不会找到那些使他苦恼的问题的答案。

"米哈依尔，"主人的大儿子达尼洛打断了米哈依尔的

Михаи́л Васи́льевич Ломоно́сов

沉思。

"我父亲给我们买了一匹马。嘿，真是一匹好马！走，上马厩看看去。"

"去吧，去吧，"主人也表示同意，"可你，阿列克谢，想着给马添点料"。

就这样，杜金的两个儿子在前边，帕拉莎跟着两个哥哥，后面是米哈依尔，向马厩走去。米哈依尔刚走到过道，昏暗中他看见一间没有门的装煤用的小旧屋，里面放着一些大小不等的真正的书。他停住脚步，探过头去，十分好奇地注视着一本本厚厚的皮装书的书脊。

"如果您想看，就拿去吧！"帕拉莎殷勤地说。

"这是我父亲偶尔带回来的，我们也没啥用。"话刚出口，她又觉得后悔了。

年轻的客人并没有答话，他虽然初来乍到但可倒很实在，在一大堆书中间不慌不忙地一本一本地翻看着。突然，他找到一本封面带画的薄薄小书。在黑暗的楼道里出神入化地阅读起来，是那样的认真，如同发现了什么宝贝一般。年轻的姑娘不远不近地等着他，也不好意思打扰他。可杜金的两个儿子哪管那一套，时间久了还不见米哈依尔来，就顺原路踅回了过道。

"你在我父亲的小煤屋里找啥？我们叫你去看马，可你在找啥，是什么东西丢了吧！"

"你看，他发现了一本书，"帕拉莎怯生生地替米哈依尔回答。

"嗨，那算个啥！"达尼洛摇摇头说。

"那有啥用？"阿列克谢也在说。

"可是你们看呐，你们家的书多好啊！"客人一面指着带画面的书，一面对他们说：

"看见吗？是本《算术》！"

"那又怎么样？"兄弟俩几乎是异口同声。

"要知道，世界上所有的事都在这本书里写着呢！风、海潮、月亮、数学、什么都有！把它送给我吧！"

兄弟俩都没有张口。

这时，帕拉莎又说话了：

"那就给他吧；你们要它有啥用？"

兄弟俩互相看着：

"那你能给我们什么呢？"

"你们能把这本书给我，想要换什么我都不在乎。"

"那你有什么呀？"

"他会给你们东西的，就让他先拿去吧。"帕拉莎说完才觉得有些过分，羞红着脸跑回了屋子里。

米哈依尔把他认为有价值的东西都一一抬了出来：新鹿皮袄、日课经、大贝壳……这些东西要什么给什么，全要就全给。可这些东他们全都不要。

达尼洛突然问道：

"你能搞到一头活海象吗？"

"能。"

"喔，既然这样，那就把书拿去好了。一言为定！我们就再给你添一本你喜欢的书。"

他们成交了，米哈依尔选择的第二本书是斯莫特里茨基的《文法》。

米哈依尔来到造船厂找到叶列麦大叔，在叶列麦大叔的帮助下找到一个海兽商。可米哈依尔没有钱，怎么办，最后商定，米哈依尔为这个海兽商出几天苦力。到了第五天，这个海兽商把一个名叫阿布拉姆卡的幼象交给了他。这头又笨又重的小海象嘴巴还不太灵活，总是拱来拱去的。

深夜，米哈依尔偷偷地驾着爸爸的小船，把小海象送给在岸边等着的杜金的两个儿子。兄弟俩自然是乐得不得了，把它放在一个装着淡水的木盆子里，运回了家。

米哈依尔也把那两本书拿到了手里，唯恐别人看见，把它小心翼翼地藏了起来。就这样，他没有让家里的第二个人知道。

杜金的两个儿子把海象运回家不久，就发现它太小了，离开了自然环境根本习惯不了。结果没过几天，它就死了。

这样，杜金的两个儿子就觉得吃亏了：书没有了，海象也没有了。于是哥俩决定还得去找米哈依尔，不能白便宜了他。

米哈依尔晚上要到教堂去读日课经，他们兄弟俩就在半路截住他，重新进行讨价还价。

"米哈依尔，你的小海象到家就死了，你看怎么办吧？"达尼洛说。

米哈依尔没有回答。对于杜金的两个儿子来说，两本书根本就算不了什么，因为他们从来都不翻，可就是觉得心里不平衡。

"这么着吧，米哈依尔，为了换书，你能到巫师的坟上过夜吗？"达尼洛边说边指向远处的墓地。

墓地里埋着一个死了多年的巫师。他活着的时候会用咒语给牲口治病，会止血，会算命，平时他接触的人也很多，村里的大人小孩也都认识他。他死后，对他又有各种各样的传说，说他每天晚上都能从坟里出来，经常到村子里看看朋友和熟人，村里人吓得一到晚上都不敢出屋。

米哈依尔听后松了口气，只是淡淡地说：

"就这一个条件吗？"

达尼洛点了点头。

农民都有这样的习惯，早睡早起。罗蒙诺索夫一家也是如此，不过上了年纪的老爷爷(继母的父亲)虽然很早躺下，但睡不着，因为老年人觉轻。

米哈依尔一直等到听不见老爷爷的叹气声，只听得见瓦西里·多罗费依奇均匀的鼾声的时候，才悄悄地走出了他的小屋。他来到玛舒特卡的房间，推醒了她。

"玛舒特卡！"

"你要干什么呀？"

"嚅……"米哈依尔示意她小声点。

"我要出去一趟，走后你锁上门。等天快亮爸爸要起床的时候，我就回来。"

玛舒特卡把围巾披在头上，蹑手蹑脚走到门前，尽量不让地板发出吱吱声。

"你到哪去呀？"她问道。

"到墓地去。"他边说边开门。

玛舒特卡惊呆了。

"去墓……地……"她恐惧地又问了一句,"你到墓……地去干吗?"

"也许是为了需要吧。"他说完就走,但又回过头来补上一句:"我有事。你可别说,行吗?"

"行。"

达尼洛和阿列克谢在一条路口等着他。在他们心目中,米哈依尔无论如何也不敢一个人独自在墓地过夜。所以他们要检验一下他是否撒谎。米哈依尔还真的来了。

"米哈依尔,"达尼洛低声问:

"你真不害怕吗?就这样去墓地过夜?"

"说到做到。"米哈依尔说着,快步走向墓地。兄弟俩佯装回去,偷偷躲在一个黑暗的角落里,浑身打着寒战,等了很久也不见米哈依尔回来……

过了不久,尼科林节到来了,这是北方渔民最隆重的节日。瓦西里·多罗费依奇家里来了许多客人。

尼基蒂奇夸奖米哈依尔如何肯学,他认为无论是日课经还是所有的圣书,自己都比不上他了。人们都随声附和赞赏着。可只有一个人不满意,这就是米哈依尔的继母阿莉娜·谢苗诺芙娜。她说：

"尼基蒂奇神父，这可不是庄稼人的事，他总跟书泡在一起，现在也该稳重点了。前两天我们家爷爷给他讲大地的尽头在哪儿，可他却愚蠢地说：大地是圆的！"

这时一个渔民说：

"这大地没有边，我也听说过。"

人们还是夸着米哈依尔。

这时，杜金也来赞赏了，他说了米哈依尔和他儿子换书的全部经过，并带有责罪自己儿子的意思。

老爷子一听，嚷了起来，杜金的话也被打断了。

"这么说，这孩子可不干净了，还把晦气带到家里来了！"

"不会的，伊万·巴霍梅奇，"杜金想说服他。"我提及此事，是说他为了书豁出一切，是在夸他。我那两个孩子又哪里比得上他！"

不管怎么解释，对于瓦西里·多罗费依奇来说都是无济于事的。

"米哈依尔，我要你当着这些诚实的客人的面把话讲清楚，你赶紧把这书给我拿出来！不然的话，就有你好瞧的！书放在哪儿啦？问你呢！"

"一定在他的小屋子里,到那儿去找,快到那儿去找!"

老爷子坐在床上,伸出瘦骨嶙峋的手比划着。

米哈依尔看着自己的老教师,指望着他能出来替自己说句话。这尼基蒂奇真的说话了:

"喂,小家伙,你就拿出来吧!"

这么一来,他只好走到墙上挂着的鹿皮外衣前,掏出了藏在内衬里的书,默默地交给了父亲。瓦西里·多罗费依奇把书递给了尼基蒂奇。老人接过书,翻看着,又把它拿到灯光前接着看。

"这是什么呀?我看不清。"他看了半天也不得其解,只好说:"我这个罪人,活了80岁了,哪儿都去过,什么世面也都见过,可这种书却没见过。"

一种莫名其妙的气氛笼罩着,屋里更静了。客人的眼光都集中到米哈依尔身上。尼基蒂奇把书递给米哈依尔,指着书皮问道:

"这是什么书呀?"

"算术。"米哈依尔终于说了出来。

听到这个可怕的字眼儿,人们都像挨了一闷棍,动弹了一下。

"这本书是谁写的?"父亲厉声问道:

"马格尼茨基。"米哈依尔一面回答,一面忧郁地向旁边望去。

尼基蒂奇考虑了一下,把书还给了瓦西里·多罗费依奇,并大声向各位解释说:

"这本书不是宗教书,不是日课经,也不是赞美诗集,更不是我们主赐的圣书。"这个当初惩罚过,后来赞赏过米哈依尔的老教堂职员,对米哈依尔翻阅"异端邪说"再也不能容忍了,他拿出了宗教权威。

"扔火里烧掉,扔火里去!这种书是要给大家招来大祸的。"老爷子挥舞着双手叫着。

继母一边划着十字,一边乱叫着:

"哎呀,我的天呀!烧掉它,这该死的东西!"

米哈依尔平生第一次开始反抗了,他向父亲扑去,伸手去抢那本书:

"我不让你们烧!"

这是无知对有知的反击,是愚昧对科学的摧残,这哪里是在烧书,分明是在烧米哈依尔的心!既然如此,他就决定抛弃一切了。

去莫斯科求学

到学校里学习,米哈依尔很早就有此想法。他曾多次向父亲提出过,可父亲说什么也不答应。

一天晚上,瓦西里·多罗费依奇家里来了一个客人,他是从莫斯科来的。客人是迷了路,才不得不暂时投宿过夜,看得出他已经是十分疲劳了,瓦西里·多罗费依奇陪他吃过饭,就让他到楼上的房间去休息去了。好奇的米哈依尔一听是莫斯科来的,哪里肯放过,就随后跟进了客人的房间。他和客人聊了许多,这客人也觉得这小伙子挺有意思的。再说还客居人家,尽管有些劳累,但米哈依尔问他什么,他都姝爽爽快快地回答。

……

"莫斯科有很多学校吗?"米哈依尔问。

"有。有航海学校,还有柴康诺斯巴斯修道院学校,也叫神学院。你有什么事吗?"

"随便问问……"

米哈依尔把灯放下。他刚走到门口,又转过身来,悄悄地说：

"请您把那里的学校给我写在纸上，写全点，我求您啦。"

"都写什么？"

"这些学校在莫斯什么地方……怎么走才能找到……"米哈依尔说话的声音越来越低了，他知道父亲瓦西里·多罗费依奇还没有睡着。

客人拿了一张蓝纸片，从兜里掏出鹅翎笔，在上面迅速地写上几行字，就递给了米哈依尔。

"怎么，看样子你打算去莫斯科？"

"不，我是这么想的，可我父亲不会让我离开家的。"米哈依尔还不想和这位刚接触的朋友说出全部心里话。

"那还用说！把这么个棒小伙从自己家里放走，那可不是儿戏！不过，小伙子，你要记住，"客人一面像是在思索，一面慢条斯理地说："渴求知识——这是件了不起的大事，而且要始终坚定不移地朝着自己的目标去奋斗。"

这些话说得米哈依尔心里热乎乎的。客人说完这些话，向米哈依尔道晚安，米哈依尔也觉得是应该走了。他小心翼翼地叠好那张纸条，把它珍藏在上衣的衬里里面。

米哈依尔的心又一次震颤了，他伺机准备再和爸爸谈谈。

"爸爸，你真的哪儿也不让我去吗？"

瓦西里·多罗费依奇看看儿子，皱着眉头说：

"放你到哪儿去？究竟为什么？你还有什么不满足的？"

"这你知道"。

瓦西里·多罗费依奇愤怒的目光犹如一把钢刀，从头到脚地打着着儿子，断然说：

"我说过一百次啦，这是最后一次。告诉你！你学的已经足够用的了，在村子里也算有文化的人，抄抄写写的也就满不错了，我看也就可以了。我就是哪儿也不让你去，你想偷偷走，那我也没有什么办法，不过，我不会供应你的生活费。你这小子，讨这么个好媳妇还不满足。如果你一个劲地硬是要走，咱们可当着老天爷的面把话说清楚，我可要强迫你结婚了，记住我的话吧！米哈依尔，我如果有第二个孩子在身边，我也就不会和你抬杠了，你想学习，你就去吧，可是，事实不是这样，你一走，这个世界上不就只剩下我孤单单的一个人了。"

米哈依尔自己也曾前思后想过，因为他毕竟不是小孩子，好一时冲动。阿尔汉格尔斯克省的农民虽然不是农奴，但也不能说去哪就离家出走，因为他们是属于国家的。每个农民每年要缴纳一定数量的人丁税，如果想离开农村，就必须提出保证人，保证人有保证他缴纳离村期间的人丁税的责任。如果谁偷偷出走，他的税款就要分摊到全村农民的身上。逃亡者就变成了"流浪汉"，而流浪汉是可以拘捕的，或者送到军队服兵役。所以，城里一般也都有明文规定，学校不准招收农民子弟入学，因为他们一旦受到教育，就不再回到农村去了。

米哈依尔近来一直都在考虑。尼科林节的关于"算术"一事，终于促使他下了决心，因为他知道，在家中学习是不可能的了。

其实，书并没有烧，而是被老爷子拿走了，因为这是杜金的书，两家又想成亲，就根本用不着烧了，将来把它还给杜金就是了。可米哈依尔实在是忍受不了，一个十八九的小伙子，当着那么多乡亲的面被骂个狗血喷头，要真是什么错事也行。读书有什么不对，如果我妈妈在世的话，说不定我早已进入城里的学校了。这可倒好，一帮无知群起而攻之，他哪里能咽下这口气。走，一定要走，这个家一分钟也不能呆了。

天黑下来了，护窗板关得严严实实的。屋子里的油灯有气无力地眨着眼睛，不一会就熄灭了。玛舒特卡睡着了，她不知道这幢房子里还有一个人和衣躺在床上眼望天花板地等待着。等到人们都睡熟之后，他轻轻地打开了自己小屋的门，来到了玛舒特卡的房间。

玛舒特卡已经睡熟，一只手推她的肩膀，她没有醒。一个熟悉的声音热切而急迫地在她耳边响起：

"玛舒特卡！你听见了吗？大车队要到莫斯科去！"

"去就去呗！"玛舒特卡嘟囔着，把皮袄往身上紧紧地裹了裹。

"我也要去……跟他们一起走……"

这句话一下子就把她惊醒了，她蓦地从床上坐起来，竭力想看清米哈依尔的脸，可无论她怎样揉着眼睛，也看不清楚，看到的只是两只闪烁着光的眼睛。玛舒特卡根本就不懂米哈依尔的意思，还以为他又像到墓地过夜的一样发神经病。可当她点着了灯，她才看清楚，他像出远门一样整装待发了：头戴一顶暖和的皮帽，脚上穿着高筒毡靴，背上还搭着个小口袋。他的面部表情严肃而坚决，而那双望着玛舒特卡的眼睛流露出一种顽强不屈、百折不挠的神色。

"你在说什么呀？"她惊恐万状地又问了一下。

"我是说,我要走了。你悄悄起来,我走以后,你再悄悄把门叉上。"

"你要去哪儿?"

"去莫斯科。"

"去莫——斯——科——……"玛舒特卡迷惑不解地问:"莫斯科在哪儿?"

"远着呢。要走很久。给我往口袋里装点面包,天亮后再把这个交给爸爸。"

他把一张灰色的粗纸片递给她,随后一想,又收起来了。"算了,不用啦,我去求伊万·达尼雷奇·巴涅夫说情。父亲会原谅的。他会明白过来的。"他说得声音非常小。

这时,玛舒特卡才回过味来。他真的要走,现在就走,马上就要走了。

"要走?"她双手一摊,说道:"就这么偷偷走?要追问起来,我可怎么说呀?你走了,我今后可怎么办呐?"她边说边流出了眼泪,像小孩子怕黑一样,是那么伤心,那么可怜。

"别哭,"他像往常一样,既温和又严肃地对她说:"我需要学习,可在这儿,能教我学什么呀?书都要烧掉！"

"你要学什么呀？"玛舒特卡眼泪汪汪地问道。

"什么都学。要学为什么冬天天空才会出现北极光，怎样才能预测风暴，还要学大地、星星，等等。"

他说完，就朝向老爷子睡觉的暖炉的那个方向。"他把书放哪儿了？"他若有所思地问。

"什么？"玛舒特卡问，她已吓得团缩在那里不敢动弹了。

"书。"米哈依尔小声说着，悄悄走到暖炉前。玛舒特卡心里寻思着，万一爷爷醒来，可怎么得了？她闭上了眼睛。

米哈依尔一下子就从爷爷的毡靴里抽出那本书，然后站到门口，激动得喘着气。

"就是它，我的书！"他像得意的胜利者一样，小心地把它放在口袋里。

玛舒特卡哆哆嗦嗦地往口袋里装着面包和馅饼。

米哈依尔再次环视了一遍，圆木墙、神龛和角落里的大床铺。最后，他的目光落在坐在床上低头低声哭泣的玛舒特卡身上，强烈的同情心或者还有其他什么因素，这个一向刚毅的小伙子，泪水已经涌出了眼眶，他走到玛舒特卡身边，俯下身抚摸着她那浓密的头发。温柔地说：

"别哭，玛舒特卡，我会回来的。"

她抬起头，望着他，眼睛立刻闪现出明亮的光辉。

"你要回来？什么时候？"

"五年以后。"他小声地说。

随后，他向门口迈了一步，又回过头来说：

"好吧，现在就告别吧。"

"一路平安。"她低声说道。

米哈依尔消失在黑夜之中了。然而，他并没有立即去找去莫斯科的车队，而经直来到邻居伊万·达尼雷奇·巴涅夫的家里。这巴涅夫曾担任过乡文书，后来因为他自己不喜欢这个差事，就回到村里打鱼为生。他知书达理，村子里的人都很尊敬他。米哈依尔不止一次地和他一起出过海，两人的关系也非常好。

米哈依尔急匆匆地敲开了巴涅夫家的门，来到了他面前：

"事情是这样的，巴涅夫，有些你已经知道，我就全对你说了吧。我要学习，家父说死也不准，我就只有远走到莫斯科的学校去学了。你给我开一张通行证，我一定好好谢谢你。你快点写吧！亲爱的，不然我就赶不上去莫斯科的大车队了。"

这个伊万·达尼雷奇·巴涅夫目睹了尼科林节罗蒙诺索夫家发生的一切,对米哈依尔有些同情。现在,他听完小客人的汇报,心中暗自赞赏。他若有所思地掐了掐鹅毛笔,准备答应他的请求,在没有瓦西里·多罗费依奇允许的情况下。

"小伙子,你可真有心计呀,我现在才明白,你为什么让我给你弄省办公身份证了。拿去吧,现在在莫斯科没有身份证可是要挨皮鞭的"。他边说边给米哈依尔开证明:

"兹证明米哈依尔·瓦西里耶维奇·罗蒙诺索夫于1730年12月7日动身前往莫斯科并出海,此证明有效期限截止于1931年9月;在此期间本人愿为其作保缴纳人头税。

邻居伊万·巴涅夫签字"

一个钱没有是不能赶路的,舒勃内帮了个忙,给了他三个卢布。这些钱在莫斯科长期住下来是微不足道的,但这个数目也就不算少了。当时阿尔汉格尔斯省的一个木匠或水手,每月工资也不过一个半到两个卢布,只有有经验的舵手每月才能挣到三个卢布。

米哈依尔从巴涅夫家出来,大车队不知什么时候已经出发了。他背着口袋沿路在后面追赶。他的脚步是那样的坚定有力，脚下的积雪发出嘎吱嘎吱的响声，他抖擞精神，越走越有劲。第二天快傍晚的时候，他看到了大车队的影子了。这时，他仍不觉得累，他有机会回首走过的路，一片银海中波涛起伏，有山冈、有小岛、还有沟壑……再往远看，就是他那可爱的家乡，他似乎感到了孤独，他过去的生活将被中断，家人、朋友都不知何时再相见……

车队又远去了，他来不及回首，也来不及遐想，又匆匆的赶路了。

瓦西里·多罗费依奇闷坐在桌上旁边，桌子上放着米哈依尔留下的一张便条。巴涅夫跑来告诉他昨晚发生的事，并给他读了那张条子。瓦西里心里明白，他的儿子，唯一的儿子，未来的当家人，为了学习，为了去莫斯科求学，为了那把他引上歧途的知识而扔下自己的家，撇下他那年迈的父亲。他已弄到了身份证，可见这事他已是埋在心里很久了。不仅如此，巴涅夫签署的证明书上写着，他儿子米哈依尔去莫斯科和出海的期限是明年9月。这期间还得为他，为一个流浪汉缴纳人头税！如果到期不回，还不知要给他缴多少年。人们会从背地里说长道短，评头论足。他的家成了全村人谈论的新闻话题。他现在真的成了无儿无女无依无靠的人了，他拼命的干活、攒钱，为谁呢？还有什么意思呢？

别人问起他，他这样说着：

"他在城里住不了几天就会知道：就是一块面包，也是家里的容易到手。我们的家，感谢上帝，在村子里还不算是末等的，他看看莫斯科，就会转回来的。"

他安慰着自己，但他也知道米哈依尔想干的事不干成，他是不会善罢甘休的。事实果真如此，这米哈依尔如同滚滚的洪流，一去不复返。

大车队好像一支小蟒虫，在银海里向前蠕动着，走了近三个星期来到了莫斯科城。这是一座大城市，它到处是数不清的教堂和高楼大厦，宽阔的马路，车来人往，川流不息。小商贩的叫卖声，车夫的吆喝声，清脆的教堂钟声，在凛冽的晨空中回荡着。

米哈依尔在村子里的穿戴可算一流的，可来到这大城市，还是显得有些土气。他好奇地四下张望着。大街上，大批的军队，前面是步兵，后面是骑兵，还有驮运武器的运输部队，他们不知是驶向何方。

米哈依尔来到了一个彩旗林立的广场前准备穿心而过。

"喂，喂，转回去！"一个怒气冲冲的声音喊起来。他左右看看没有别人，知道是对他喊的。两个全副武装的警卫队员快步过来拦住了他的去路。

"你是怎么搞的，你聋啊？今天这里戒严你知不知道。"

"今天这要干什么？"

"走开！"其中的一个看着米哈依尔觉得不像本地人。"你是从哪儿来的，小伙子？喂，谢苗，检查一下他的证件。"谢苗伸手接过了这个可疑的小伙子递过来的证明，看了一眼巴涅夫的签字说：

"跟我们到侦查厅走一趟吧。老弟，现在可不像平常。新皇上举行加冕典礼，命令我们把所有的流浪汉和形迹可疑的人统统送侦查厅。那会弄清楚的。"

警卫队员把他领进一间大房子里，把他交给另外一个人。那个人上下仔细打量了一下米哈依尔就把他的证件拿走了。这屋子里有很多人，大概也都是外地来的吧，有坐着的，也有躺着的。米哈依尔这才感到有些疲劳，于是就头靠圆木墙安然地睡着了。不知在这个屋子里呆了多长时间。那个叫谢苗的警卫队员来到他面前向他喊道：

"你从哪儿来？你要说实话，撒谎，就不放你！你的证件上写的是哪个霍尔莫戈雷?"

"是阿尔汉格尔斯克省的霍尔莫戈雷城。"

警卫队员搔搔后脑勺,嘴里嘀咕着:

"霍尔莫戈雷……霍尔莫戈雷……我们这儿好像有个人是从那儿来的……哦,对啦,小伙子,跟我走,去找文书杜季科夫。他会搞清楚你是不是说谎。他就是从阿尔汉格尔斯克来的。"

天已擦黑,谢苗领着米哈依尔左拐右拐,走的什么地方,米哈依尔也不清楚,终于走到克里姆林宫石头墙边侦查厅文书住的木房前。

"喂,小伙子,"卫兵说:"如果你骗我们,你等着瞧吧,有你的苦头吃。"

米哈依尔没有搭腔,默默走进门廊。

侦查厅的文书杜伊万·彼得罗维奇·杜季科夫正在家里睡觉。听到敲门声,妻子娜斯塔西雅·伊万诺芙娜叫醒了丈夫。

"准是厅里派人来找我,彼奇卡,开门去!"伊万·彼得罗维奇·杜季科夫指使着儿子。

"我不是来叫你的,杜季科夫。我给你带来个小伙子。哎,你进来呀!"卫兵说道:

"来找我？是谁家的小伙子？"杜季科夫吃惊地问道：

"我忘了他叫什么名字。小伙子，你叫什么来着？"

"我是瓦西里·多罗费依奇·罗蒙诺索夫的儿子，是从霍尔莫戈雷来的。"米哈依尔一迈门槛就回答说。

"你是罗蒙诺索夫家的儿子？瓦西里·多罗费依奇？我认识他，在霍尔莫戈雷谁不认识他呀。"

卫兵听杜季科夫说完，他就明白了，他说道：

"嗯，这就好办了，这么说，小伙子还没撒谎。他叫米哈依尔。"说完他就转身告辞了。

"坐吧，米哈依尔·瓦西里耶维奇！娜斯塔西雅·伊万诺芙娜，给他找个汤勺来，彼奇卡，把凳子擦干净，请客人坐下。"

杜季科夫猜想：这样一个富裕人家的儿子来莫斯科，很可能是替他父亲办事的。于是开口道：

"米哈依尔·瓦西里耶维奇，把皮袄脱下来吧，我想，没有要紧的事，瓦西里·多罗费依奇不会打发你跑到这来的。"

"我是为自己的事，不是父亲让我来的。"

"为自己的事？这儿有你自己什么事要办啊？"

"我是来求学的。"

"啊，是——这——样。是瓦西里·多罗费依奇奉沙皇之命才不得不让你来的。"

"不，是我自己来的。我要上学。"

"好啊，我们这有许多学校。有些学校还相当不错。可只收贵族和僧侣家的子弟，文书的儿子也收。"

"其他人就不收吗？"

"绝对不收！在苏哈列夫钟楼那还有所学校，是马格尼茨基先生创办的……"

"哪个马格尼茨基先生？是那个写了一本《算术》的马格尼茨基先生吗？"米哈依尔立即打断了他的话头。

"我不知道他写过什么书，可我知道，他是我们第一流的学者，而且连沙俄彼得·阿列克谢耶维奇也很敬重他。那所学校开的课程有数学和航海术，所以只收有文化的。"

"我有文化。那所学校在哪？"米哈依尔随手去拿皮袄。

"你有文化！"杜季科夫肃然起敬地看看他。"阿，彼奇卡，你看看人家！"

"让我看啥呀？"彼奇卡懒洋洋地应了一声。"米哈依尔·瓦西里耶维奇，为了你上学，你家得花上不少钱吧！"

"没有，他们不许我学习，我是背着他们走出来的，路费是我从邻居家拿的三个卢布。"

"啊——,原来是这样!"他从上到下打量着米哈依尔,冷言冷语地说:"原来你既没带钱,也没有得到父亲的祝福,不光彩呀,小伙子,真不光彩……彼奇卡!干吗把他的包袱放在凳子上?快让他拿走!"

米哈依尔默默地穿好了衣服。

"你要到哪儿去?"杜季科夫怒气冲冲地问。

"到学校去……去找马格尼茨基。"米哈依尔毫不含糊地答道。拿起了包袱就准备往外走。

杜季科夫眼珠一转,计上心来。

"等等,你听我说,小伙子:如果你真有文化,就住在我这儿吧。教我的彼奇卡念书,再帮我们家干点零活。没有钱你能到哪儿去?反正你也没有别的出路,日后不管是食宿或是学习,我会给你们俩安排的。"

"不!我得马上到学校去,学校在哪?"

"在哪儿,在哪儿!"杜季科夫气急败坏地尖声叫道:"你到大街上去问吧,会有人告诉你的!……"

米哈依尔默默鞠躬,致谢后转身走出了杜季科夫家。

米哈依尔在莫斯科的街上转了几天,没有办法只好又回到了杜季科夫家。碰巧,柴康诺斯巴斯学校的教师瓦尔索诺菲神父也在杜季科夫家里做客。

米哈依尔原来的那件厚厚的皮袄已卖掉,他冻得脸色苍白,在门口脱帽施礼。

"你这是从哪儿来?你不是到航海学校去了吗?没找到还是怎么了?"杜季科夫嘲弄地问道。

"找到了。"米哈依尔小声回答说。

杜季科夫转身对瓦尔索诺菲说:

"神父,你看看他,这个孩子叫米哈依尔,是我原来的一个熟人瓦西里·罗蒙诺索夫的儿子,那瓦西里可是十里八村深得众望的人。可他这个独生子米哈依尔却一个人从阿尔汉格尔斯克边区霍尔莫戈雷城跑到莫斯科,而且并没有得到父母的祝福就跑来了。"

瓦尔索诺菲神父的面孔变得严肃起来,他听了杜季科夫的话,从头到脚打量着米哈依尔,然后厉声问道:

"你这个没有良心的,真敢违背上帝关于孝敬父母的圣训不成?"

"我父亲知道我走。"米哈依尔说。

杜季科夫坚决反驳道:

"那是不可能的,他那么有钱,可你到莫斯科来,连一文钱也没有给你。"

"不给钱,自有道理。我在莫斯科待不下去,就得回家。"米哈依尔说。

神父还在打量着米哈依尔,他说"这青年相貌端正,仪表堂堂,谈吐清楚,为什么要跑到这儿来呢?"

米哈依尔沉思了片刻,然后径直回答:

"为了学习,神父。"

瓦尔索诺菲神父的脸色已经变得柔和一些了,但还不能马上对他的坦率直言信以为真。

"实在叫人感到奇怪。"他转身对杜季科夫说:"这个青年怎么会这样渴望学习呢。"

"他有文化。"主人回答说。

瓦尔索诺菲神父用温和目光看着米哈依尔,收起笑容,问道:

"孩子,你在哪学的文化?"

"跟一位教堂职员和我们的邻居学的。"

"那你又跑回我这干吗?"杜季科夫问,

"你对我讲过,如果我教你的儿子识字,你就送我和他一起去学习。我就是为这个来的。"

"那好。"杜季科夫站起来,走到一个放着旧的赞美诗集的书架旁。

"那我们现在就当着瓦尔索诺菲神父的面，考考你的文化程度到底如何。他从书架上抽出书，吹去上面的灰尘。"喂，摘掉帽子，脱去外衣，你不是识字吗，把你认得的字指给我们看看。赞美诗你认得吗？"

"用不着看书，我能背诵。"

一听这话，瓦尔索诺菲神父睁大双眼，目不转睛地盯着这个奇怪的青年。

"撒谎！"杜季科夫说。

"我说的是实话。"

"要是实话，那你就背诵赞美诗吧。你能背诵哪一首？"

"哪首都行。"

"你太狂妄了！"杜季科夫厉声道。

瓦尔索诺菲神父温和地说：

"好吧，孩子，你就读'礼拜六回忆'里的一首吧！"

米哈依尔沉着而有把握地背诵着。一句连一句，一首接一首没有停留。

"够了！"杜季科夫打断米哈依尔的背诵，一边擦着汗，一边吃惊地看着瓦尔索诺菲神父，"有生以来没有见过这样的孩子！瓦尔索诺菲神父，我看现在就可以把他送到乌斯宾斯基大教堂去当一名诵经员了!"

"完全可以。"瓦尔索诺菲满有信心地表示赞同。

娜斯塔西雅·伊万诺夫娜目不转睛地瞅着米哈依尔,"老天爷呀,那还用学什么呀?还有什么好学的呢?"

"我们柴康诺斯巴斯学校很需要这样的学生。"瓦尔索诺菲神父若有所思地说。

"让我进你们学校吧,神父。"米哈依尔恳求地望着他说。

"学校嘛,可不是为所有人开的。"杜季科夫笑了一下,说:"就说你吧,你是谁的儿子?"

"罗蒙诺索夫家的儿子。"米哈依尔答道。

"我知道你是瓦西里·多罗费依奇·罗蒙诺索夫的儿子。我问你人头税的事,你缴不缴人头税呀?"

"缴。"

"那你就是农民罗。"

"是农民。"

"唉,小伙子,"杜季科夫把手一摊,拖着长声说,"这么一来,你的事可就不好办了,学校根本不会收你。"

"为什么不收?"小伙子气得脸色苍白。

"多新鲜,多少年来的规定难道就因为你而改变吗?"

瓦尔索诺菲神父站起来，走到米哈依尔跟前，把手放在他肩上，以示抚慰。

"这样吧，伊万·彼得罗维奇·杜季科夫先生，让我这个罪人再罪加一等吧。不过我想，在'最后审判'时，我会得到宽恕的。因为我想做的是善事。本人愿意在学校领导面前证实这个少年的出身，证明他是贵族子弟。

米哈依尔顿时觉得一股暖流涌遍全身，他好像是遇到了亲人，遇到了恩德如父一般的亲人。

"孩子，莫斯科再没有比我们学校更古老的了，建校快50周年了，连沙皇彼得本人都亲临我校视察过。到了那儿，要努力学习，日后必被重用。"

"彼奇卡怎么办呢？"杜季科夫问道："我的彼奇卡，念书大概也有两年了，可比不上米哈依尔这个一天学校也没进的一小点，太没出息了。"

"就让米哈依尔指点你的儿子吧。过几天把他们俩带到我那去，明天晚祷时，我就同我们的大司祭赫尔曼神父谈谈。"

这事就这么定了下来。这个在大海里扑腾的米哈依尔，终于找到了一块救命的木块。是这块木块，重新把他带进知识的海洋。

在柴康诺斯巴斯学校里

　　柴康诺斯巴斯学校坐落在红场和卢卑克广场之间的繁闹商业街——尼古拉街上，原来是一所修道院，外语主要开设斯拉夫、希腊和拉丁语。所以又叫"斯拉夫·希腊·拉丁学院"。创办学校的最初目的是为了僧侣子弟能够入学受教育，所以人们通常又把它叫做"救主学校"。

　　校方特别规定，禁止农民子弟入学，但同时因为学生经常从学校出逃，这个学校又缺少学生。校长斯捷凡神父关心的是不让学校陷于衰落，希望得到教会方面的赏识，以便能尽早地升任主教。所以他是同意收学生的，几乎并不问出身，只求学校的空缺越来越少。

　　瓦尔索诺菲神父把米哈依尔·瓦西里耶维奇·罗蒙诺索夫领到校长办公室。这里入学的学生，一般都不过十二三岁。校长用惊奇的目光看着这个想要入学的高个子宽肩膀的大龄青年。罗蒙诺索夫一双固执的大眼睛望着校长的脸，他平静而坚定地谈出了他要入学的愿望。

　　校长的惊奇的目光不仅停留在他身上，更是对他提出问题的解答表示满意，因为在这所学校里，像米哈依尔这样的学生是不多的，他并没有向罗蒙诺索夫要有关出身的证明文件，就命令将他的名字列入学生名册。

第二天，罗蒙诺索夫在上课之前很早就来到了教室。这是一间有着石头穹门的宽大而昏暗的房间，里面摆着几排长桌和长凳。学生们分别坐在各个座位上。罗蒙诺索夫也选了一个位置坐下了，老师立刻注意到了这个新生：

"一个拉丁字都不认识吗？"他问罗蒙诺索夫，并补充一句："坐到后排的长凳上。"

学生的座次是按照学习成绩排列的，优秀生坐第一座，学得最不好、最不用功、调皮捣蛋的坐最后一排，如果后排的学生成绩有了进步，座次也是可以前移的。不过后排的许多学生，情愿坐后排，目的是搞小动作不易被老师发现。

第一天下课后，一群少年学生围住了罗蒙诺索夫，扯着他的长衣，喊道：

"瞧啊，真有这样的傻瓜，快20岁了，还来学拉丁文！傻大个儿，傻大个。"

"哎，弟兄们！过来，干脆把他撂倒在地上！"一个棒小伙子紧攥着双拳，使劲推着罗蒙诺索夫。

米哈依尔站在人群中间，对那些闹得最凶的人理都不理，只是挨个儿地看看谁是领头的。那个叫喊最欢的棒小伙子出其不意地跳到他面前，说：

"你出来，斗斗拳怎么样，兄弟们，你们想看看吗？你们想看看这个傻大个是怎样哭鼻子的吗？"

"对！谢姆卡，给他点颜色瞧瞧！伙计们，闪开点！让他们来个一对一"。下边的人喊着。

谢姆卡和罗蒙诺索夫像要开始比赛的拳击运动员一样拉开了架势。谢姆卡先出拳，也不知打中没打中，就觉得自己头被包住，什么也听不见看不见了。罗蒙诺索夫用谢姆卡自己脱下的衣服把他的头包住，然后像扛袋子一样把他扛在肩上，打开门，在学生的呼喊和口哨声中，穿过走廊把他放到了台阶上。这谢姆卡起来之后，没有说什么就自己回到了教室，其他围观的同学也都跟着回去了。从此之后，再也没有人敢戏弄罗蒙诺索夫了。

同学们不取笑罗蒙诺索夫，除了他身高力大外，还有一个原因就是因为他的学习成绩进步非常快。

头一天听老师讲课时，他什么都听不懂。后来，不知怎么，他猜到教师多次重复的那个古怪的字就是"脑袋"的意思。在第一周终了，他已经认识了几个拉丁单词，他像清点自己的猎物一样，自言自语地反复重复着他们。经过几天之后，他就能成功地造出第一个拉丁文短句。拉丁文教师对罗蒙诺索夫的学习非常满意，他的座位也开始一排一排地往前移，他用3个月的时间学完了一年级的全部课程。他申请进入下一年级学习。

赫尔曼神父对学生要求十分严格，他认为语言是一切学科的基础，热衷于希腊——拉丁语教学，并竭力教育柴康诺斯巴斯学校的学生要严格遵守校规。他手里拿着罗蒙诺索夫要求进入下一年的学习申请，来到了校长斯捷凡神父面前。

"此类情况我校从未有过先例，而且目前校规也无明文规定。"赫尔曼神父一边看着斯捷凡神父一边说。

"是没有明文规定。"斯捷凡校长说。

"而那个在3个月内就能学完其他人要一年才能学完的课程的少年，也是从来没有过的，斯捷凡神父。如果这个学生，他敢证明他在三个半月内学完一年级的课程并请求对他进行考核，那我们怎能不对他的勤勉加以表彰呢？因为现在这么勤奋学习的少年，我们见到的实在是太少了。"

校长点了点头，做了一个满心赞同的回答，

赫尔曼神父叹了口气，若有所思地翻动着手里的纸条，看了一遍说道：

"校规，斯捷凡神父，避开校规是不应该的，可是按校规行事，我们的一年级学生必须得学满一年的时间。这个少年学习确实惊人，他的这张呈文书写规范，字迹工整，刚劲有力。他父亲是教士还是助祭？"赫尔曼神父严肃地问道。

"登记上写的是贵族子弟。"校长说。

"斯捷凡神父，照你看，他怎么样，品行端正吗？"

"没发现他有越轨行为"。斯捷凡神父抑扬顿挫地回答说："但他肌肉发达，偏爱克瓦斯。此外，还发现他喜欢接近普通工人和庄稼汉。无论在什么地方见到他们，定要详细打听，住在哪儿，生活如何。真是个奇怪的少年！顺便说一句，他不仅自己学得非常出色，而且乐于帮助那些天资差的落后生，特别是彼奇卡·杜季科夫。这个叫彼奇卡的学生的脑袋里，不知塞满了些什么东西。"

赫尔曼神父全神贯注地倾听着斯捷凡神父的讲话，一边默默地思索着。等校长说完，他起身将那张呈文递给斯捷凡神父，低声说：

"斯捷凡神父，请您转告那个叫罗蒙诺索夫的学生，他在呈文里提的要求，我们表示同意，我们要考核他一次。所以，斯捷凡神父，请通知尼科季姆神父，让他考罗蒙诺索夫的数学，我亲自考他的拉丁文，其他课程由你和瓦尔索诺菲神父一同来考。"

罗蒙诺索夫很快就通过了除数学以外的其他考试。赫尔曼神父满意地认为，这样的学生是不应该受校规限制的。4个月的时间里，他不仅学完了一年级学生应该在一年内学完的全部课程，而且还学了二年级的课程。瓦尔索诺菲神父察看了罗蒙诺索夫的拉丁文考试，看到他拉丁文的变位和变格掌握得这样好，非常高兴，因为这个学生是他推荐来的，他仿佛就是伯乐。

现在就只剩下数学考试了。这门考试的主考官是尼科季姆神父，他教低年级算术和高年级代数、几何。他认为自己教的课程的重要性并不亚于拉丁文，他生怕学生不好好学他的这门课，常常是难为学生，考试时给学生出难题。这回是考高才生，所以他出试题的难度与以往相比是有过之而无不及。

罗蒙诺索夫很快就完成了答卷，尼科季姆神父竟没有检查出一处错误。当时赫尔曼神父等人都亲临现场，都认为罗蒙诺索夫确实精通算术。没有难住学生，尼科季姆哪肯罢休。

"你大概以前懂得算术吧?"

"懂。"学生答道。

"是谁教你的?"

"是马格尼茨基的《算术》一书教的。"学生回答说。

"哦!"尼科季姆怀疑地看看学生,"这套书到二年级还没有学呢,我们认为那太难了。你说说,你懂得书中哪几部分?"

"全懂。"

"几何也懂?"

"懂。"

听到这样的回答,尼科季姆神父脸色变了,认为这个学生太不谦虚了,他从座位上欠了欠身,用手卷起长袖,高声喊道:

"那你就把全书的内容都讲讲吧!"

罗蒙诺索夫惊愕地看着主考人。在坐的其他几位神父也都吃惊地看着他。

赫尔曼神父断然说道:

"不能这样,尼科季姆神父。要按部就班,按程序问。"

但尼科季姆神父根本就不按程序,他时而问算术,时而问几何,一心想把他在柴康诺斯巴斯学校还从未见过的这个学生难倒。可学生总是对答如流,这主考官反倒被弄得有些汗流如雨了。

这时,赫尔曼神父索性站起身来,用他那温和的目光看看考生,转眼看着尼科季姆神父,对他说:

"尼科季姆神父,鉴于以上的内容只有到高年级才学到,而不属一年级所学的范畴,更何况考生已经相当出色地表现出他的聪明才智,那么考试就应到此为止。喂,孩子,"他又转过来对罗蒙诺索夫说:"从今天起你就升到二年级学习,上帝赋予你一副聪慧的头脑,你要继续努力深造,准备继承圣职。"

罗蒙诺索夫并未显出十分高兴的样子,而是说:

"大主教,请允许我充分利用图书馆的图书资料吧!"

"谁限制你借用?"

"管理图书的神父只许每周借一本。"

"怎么,你七天读一本书还嫌少吗?"大主教微笑着问。

"少,大主教。"罗蒙诺索夫回答说。

"好,我同管图书的神父说一下,去吧,"

罗蒙诺索夫走到各位主考神父面前,一一接受他们的祝福。当他走近尼科季姆神父时，低下头，神父刚要伸手，却又缩了回来，随即悄悄问道：

"能指明世界各国方位的仪器叫什么？"

"罗盘。"罗蒙诺索夫回答完之后，便走出了考场。

学生们都在去食堂，彼奇卡·杜季科夫在食堂前等着米哈依尔。原来，彼奇卡也是在瓦尔索诺菲神父的帮助下和罗蒙诺夫一起入学的。他什么也不懂，罗蒙诺索夫课下给他讲解辅导，还要给他做作业。

彼奇卡问：

"你怎么没来上拉丁文课？"

"我在赫尔曼神父那儿来着。"罗蒙诺索夫回答。

"那明天的作业你都做完了吗？"

"现在我用不着再做那些东西了。"

彼奇卡惊得发呆地问：

"那你要做什么？"

"做二年级的，我现在要上二年级了。"

"你上二年级，那我可怎么办呢？谁替我做算术，写作文啊？"彼奇卡伤心地大声喊道，两手揉着眼睛。

罗蒙诺索夫看到彼奇卡的脏花脸，觉得有些好笑。

"我已经保证过，从前怎么做，今后还要怎么做。"

彼奇卡不相信地问了一句："真的吗？要不，我就去告诉我父亲！"

罗蒙诺索夫一声未吭，挣脱彼奇卡的手，径直向食堂大厅走去……

图书馆的大门向罗蒙诺索夫敞开了，他的课余时间每天都安排在这里。他抓紧分分秒秒，因为他知道他比别人更需要时间。他比别人岁数大，他要在短时期内学完别人长时期应该学的东西。此外，他和伊万·彼得罗维奇·杜季科夫有过保证，要教他儿子彼奇卡学习，替他写全部书面作业。别人都有散步、嬉戏、玩耍的时候，而罗蒙诺索夫没有。他手不释卷，卷不离手，终于一年之内学完了3个年级的课程，入学后的第二年，他已是四年级的学生了。

罗蒙诺索夫也应该感谢杜季科夫，这杜季科夫为了儿子，才舍得给罗蒙诺索夫一点回扣，加上学校每月发给一定的助学金，罗蒙诺索夫又节衣缩食，他才能勉强维持学习生活。放假了，别的同学都回家去了，可罗蒙诺索夫并不想回家。路费是可以从住在莫斯科的一些同乡那里凑齐的，但是他知道，回到乡下之后要想再出来是不可能的，学业就会荒废，因此他一直留在莫斯科。

他离家后，没有给家里去过信，家里也没有给他来过信，可家里的情况他却略知一二。因为给他开证明的伊万·达尼雷奇·巴涅夫给他来过信，杜金的儿子，帕拉莎的哥哥阿列谢·杜金也到他这来过，他得知：父亲因为他离家而非常难过，悲伤中又添了个女儿，名字叫玛丽亚。玛舒特卡深受继母阿莉娜·谢苗诺芙娜的虐待，就连父亲也得受继母管。帕拉莎已经跟比她大许多的舒勃内结了婚迁居到阿尔汉格尔斯克。罗蒙诺索夫惦记着他的父亲，回想着他可爱的家乡。阿列克谢好话说尽，百般解说，叫他回去继承家业，他都没有答应，为了学习，他坚定不移。

他随着年级的增高，学习的内容也不断增加。进入五年级，要学习和研究拉丁诗人的作品。当时主要是罗马诗人的作品，各国有教养的人都在学校或家里阅读和研究这些作品。罗蒙诺索夫在诗学班很有兴趣地读着高拉齐、魏吉尔等罗马诗人的作品。

教师还时常提醒学生，俄罗斯自己诗人的诗也要读，要读西美昂·波洛茨基神父的音节诗。这西美昂·波洛茨基是沙皇阿列克塞·米海依洛维奇诸子的教师，他写过很多诗。他自己曾说过："他想吸引听众的心灵。"

罗蒙诺索夫在教师的指导下认真学诗，时间久了，他自己也写出了一首新诗：

苍蝇们嗅到，

蜂蜜的芳香。

飞落到蜜上，

快乐地歌唱。

刚吃到嘴里，

却出了祸端：

双脚紧粘住。

"唉！"——一声无力的哭诉：

蜂蜜已尝到，

性命也丢掉！

教师用拉丁文给这首诗写上了"优"字。诗学了不久，又要学习演说术，教师口授着规则：应该怎样把自己的感觉传达给听众，怎样吸引听众的注意，怎样确立说服怀疑者的论证。这些，头几次学生们还感觉到新鲜，可时间久了，就觉得特别乏味。罗蒙诺索夫也觉得，越学越感到某种不足。他学习拉丁文，更想知道许多别的东西。

闪电和雷是怎样来的？

太阳和星辰有多远？

地有多大？

关于这些，课堂上是不提起的。如果他对教师提出这类问题，得到的答复也只是：

"你到哲学班，就会知道了。"

罗蒙诺索夫学完演说术，就升入哲学班。

哲学课的教师在第一堂课就宣布："在我们这门课程里，要研究古希腊可敬的哲学家亚里士多德。但是，我们仍旧要谨防那些和上帝的福音相违背的智慧。"

在哲学班里，也学习物理；这门科学在当时的涵盖面是很大的。

教师是严格按照宗教神学的旨意来教学。有一次，老师问："天有几个？"学生们没有回答，老师解释说："有三个。第一个是行星天，行星在这个天上运行。第二个是星宿天，在这个天上确定着各星宿的方位。第三个是至高天，是神仙们居住的地方，因此它是极乐世界，这个天是坚硬的，因为神仙应该住在安静和静止的地方。"

当时哥白尼的太阳中心说早已公布于世，地球和其他行星都绕太阳转。可柴康诺斯巴斯学校的老师们这么教学生：

"大地是静止不动的，它安居在宇宙的中央。该死的哥白尼，是上帝的死对头。"

罗蒙诺索夫读过很多书，知道这些说教是在骗人，越学，越感到没意思。况且还需忍受着饥饿和贫困。在能够获得新知识的最初几年里，他的精神注意在学习上，饥饿的生活还比较容易度过。现在学习上的饥饿和身体上的饥饿双重地缠绕着他，使他的日子更不好过了，莫斯科的一些同乡常提醒他，说他满可以安适地在家里生活，不愁吃穿。

"父亲除我以外，再没有儿子。我这个独生子离开了他，丢下了他用血汗为我赚来一份富裕家产，他一旦去世，这些家产一定会被别人侵吞的"。罗蒙诺索夫后来追忆自己当时确实有这样的想法。

然而，他最终还是顽强地留下了。在学校里吃不饱，他就自己到校外去"找食"。他成为莫斯科图书馆的常客，他可以看书，也可以花便宜的价钱买书。在这里，他读到了学校里读不到的许多东西。

在柴康诺斯巴斯学校学不到东西，使他产生了离开此学校的念头，他在等待机会，机会终于来了。

一天，校园里响起了一阵非同寻常的急促的钟声。学生们根据惯例猜想，学校肯定有什么重要的事情宣布，就非常迅速地从四面八方走向大厅。

Михаи́л Васи́льевич Ломоно́бсов

罗蒙诺索夫

赫尔曼神父环视了一下聚集在大厅里的学生,他刚一抬起他那清瘦的手,学生们就安静下来,于是他高声宣布:

"孩子们,我荣幸地通知你们一件非常重要的大事。遵照圣彼得堡国家枢密院的指令,我们这些为上帝服务的人,必须从你们当中选出20名最好的学生,派往圣彼得堡科学院就各门学科进一步深造。我们为此而感谢上帝,现在即将着手挑选,然后进行笔试。请大家保持安静,回到自己的房间去。很快,你们就要根据我们的决定,全力以赴地投入拉丁文笔试。"

学生们回去以后久久不能入睡,深更半夜,罗蒙诺索夫的好朋友维诺格拉多夫从床上抬起头悄悄对罗蒙诺索夫说:

"罗蒙诺索夫,你很快就要去彼得堡了,真棒!"

"为什么我去,还没有考试谁决定的?"

"哎,用不着谁决定,只要是择优录取,别说20名,就是两名,那也少不了你呀!你是咱们全校大名鼎鼎的高才生,有谁不知道哇。"

"你也能去,米特里(维诺格拉多夫的名字)!"罗蒙诺索夫满有把握地说。

维诺格拉多夫说:"但愿如此。"

第二天,全校乱哄哄的像捅了马蜂窝一样。大家互相传送着,说是彼得堡科学院来了一位学者,同校方领导共同主持选拔考试。事实果真如此,彼得堡来的学者在退伍准尉波波夫陪同下在头一天快天黑时来到学校,住在校长的内室里,考试决定过一天进行。为示隆重,特地腾出大厅做考场,并发给应试者公用白纸。

学校里都在传说,某某已经定下来了,罗蒙诺索夫那是铁板钉钉子,丝毫问题没有。彼奇卡回到了家,把这些和彼得罗维奇·杜季科夫说了,杜季科夫实在待不住了。考试那天的一大清早,他就把罗蒙诺索夫偷偷地叫到走廊里,彼奇卡站在父亲身旁脸都哭肿了。杜季科夫看看四周没人就厉声说道:"你答应过我的事你还记得吗?"

"记得。"

"总是'记得''记得',你一去彼得堡,彼奇卡怎么办?"

"这事由不得我,是校方考试来决定。"罗蒙诺索夫心平气和地说。

"你就交白卷或故意答错,米哈依尔·瓦西里耶维奇·罗蒙诺索夫,我和娜斯塔西雅·伊万诺芙娜求你啦!彼奇卡几乎被折磨死，膝盖都跪出了茧子！只要你不把彼奇卡扔下不管，娜斯塔西雅·伊万诺芙娜情愿从家里往学校给你端茶送饭，罗蒙诺索夫，你就别考了！"

"你怎么能这样，伊万·彼得罗维奇！哪能这么干？"

"你说怎么办？我每星期给你三个戈比怎么样？"

"不。"罗蒙诺索夫斩钉截铁地说，他既不看文书，也不看躲在他背后一声不吭的彼奇卡，转身朝考试大厅走去。

杜季科夫望着罗蒙诺索夫的背影，气得一跺脚，狠狠地说道：

"哼，你这个冒牌货，等着瞧吧！"

彼得堡科学院来的人是个青年学者，他在学术委员会全体成员的陪同下来到大厅。他环视了一下考生，就用纯正的拉丁文告知他们，每个学生必须写一篇作文，要求写出在柴康诺斯巴斯学校学过哪些东西，以及自己所知道的哲学家及作品，并指出自己认为最好的几部著作。要求叙述连贯，条理分明，而且要使用规范的拉丁文进行写作。

经过一阵紧张的拼搏之后，罗蒙诺索夫第一个交了卷子。赫尔曼神父拿起这份卷子粗略地看一看，就把它递给彼得堡来的客人。

第二天，学术委员会的代表们来到大厅，开始评论卷子。大厅门外的走廊里挤满了关注此事的学生们，他们留心谛听里面的讲话。

这时听到里面传出彼得堡客人的说话声："尊敬的赫尔曼神父和斯捷凡神父，我荣幸地告知各位，我认为在贵校学生交来的考卷中，有一个学生的答卷是最优秀的，没有一个人能与之相比，这个人的名字叫……他低头看卷子，想找到上面的名字。

"这个学生的名字叫米哈依尔·瓦西里耶维奇·罗蒙诺索夫。"瓦尔索诺菲神父急忙提示道。

"对，是叫米哈依尔·瓦西里耶维奇·罗蒙诺索夫。从我看过的考卷中，还值得一提的是维诺格拉多夫的卷子，他叙述的也比较全面，具有一定运用拉丁文知识的能力，至于其余的，我认为勉强能挑出10份，从学业上看，他们可以继续深造。"彼得堡的客人发表了权威性的看法。

赫尔曼神父接过来说："罗蒙诺索夫是我们这里出类拔萃的学生，他入校时虽然年岁较大，但他一年就学完三年的课程。"

"他从一年级开始就用拉丁文写诗。在我们学校每年的学术讨论会上，都有他精彩的发言。"瓦尔索诺菲神父又自豪地补充道。

学术委员会的代表们边说边议,已选出了12名代表。斯捷凡校长作了简短的发言,刚要宣布被选中的学生的名单,就听"砰"的一声门被撞开,文书杜季科夫怒气冲冲地闯进了学术委员会的会议厅。

"神圣的大主教!学术委员会的各位代表先生们,请允许我报告一件至关重要的大事!"文书在高声叫喊着。

"你怎么敢闯入这个大厅,你给我滚出去!"赫尔曼神父用手杖指着门,厉声开口道。

"我走,我走,赫尔曼神父,只不过是此事太重要了,而且需马上解决,事关你们的学生米哈依尔·瓦西里耶维奇·罗蒙诺索夫。"

一听文书喊出这个名字,瓦尔索诺菲神父在椅子上不安地欠了欠身子。赫尔曼神父和斯捷凡校长惊慌地互相对视着,圣彼得堡的客人也好奇地看着文书。

"快讲!"尼科季姆神父喊道。

杜季科夫道:"这个叫米哈依尔·瓦西里耶维奇·罗蒙诺索夫的学生不仅不配作圣彼得堡科学院的学生,而且也不配留在这个学校,因为他是个冒牌货。"

"你讲明白点。"赫尔曼神父厉声说道。

"他谎称自己是贵族子弟,以欺骗手段混进这所学校;其实米哈依尔不是贵族子弟,而是一个普通农民的儿子。"

大厅里静静的,连胖胖的斯捷凡神父的喘气都能听得见。罗蒙诺索夫站在一边(彼得堡的客人查阅考卷后,就想见见罗蒙诺索夫,他是因为成绩出众在事发前被叫进来的,不是事发后叫进来听候处置的。)没有出声。

"这得有证据!"彼得堡的客人说话了。

"关于这个学生的出身我们有证人"。赫尔曼神父说:"瓦尔索诺菲神父,请把你所了解的情况向诸位说明一下。"

"瓦尔索诺菲神父隐瞒了这个学生的欺骗行为。"杜季科夫迫不及待地嚷着。

瓦尔索诺菲神父没有理睬文书,他举目望着赫尔曼神父,用苍老的声音镇静地回答说:

"很抱歉,不过当时我可怜这个智力非凡的少年,文书为了让这个少年教他儿子学习,才请求我这么干的!现在眼见罗蒙诺索夫离去,他的儿子无指望,他才向大家报告此事。不过,赫尔曼神父,斯捷凡神父!在我漫长的一生中,只有这一次撒了谎。但我至今问心无愧,因为罗蒙诺索夫每天在学业上都有长进,这就弥补了我的罪过。我相信，罗蒙诺索夫将来对于国家是有贡献的。"

赫尔曼神父听后，对瓦尔索诺菲神父说道：

"瓦尔索诺菲神父，你这么大年纪怎么能干出这种破坏校规的事！你怎么向大家交代你的罪过！"

这时，圣彼得堡的客人说道：

"我想提醒学术委员会注意，除了罗蒙诺索夫，你们就没有可推荐到科学院去的学生了？"

赫尔曼神父把目光移到了罗蒙诺索夫身上，严厉地说道："这种违反校规的行为应受到处罚。"

"大主教，也应该问问学生罗蒙诺索夫本人。"圣彼得堡的客人建议说。

"就按您说的办。"斯捷凡校长说。

赫尔曼神父说："你这个罪人，你可知道隐瞒家庭等级，按照法律应该把你流放到边远地区的修道院去吗？"

"知道。"学生简短地答道。

"你是怎么在宗教界各长老面前撒这个弥天大谎的？"

"我这样做……是出于无知……可我是为了读书，才这么做的"。

大厅里静极了，圣彼得堡科学院的代表先生向前探着身子，仔细审视着这个少年苍白的脸色和他那双乌黑的眼睛。

"罗蒙诺索夫,告诉我们,"他慢悠悠地说:"你从小最喜爱什么?"

"学习,从儿时起至今,也就是说从那些年一直到现在。"他停了停,然后补充说:"除了学习,我别无所好。"

彼得堡的客人继续审视着这张果敢的面孔。

"是谁把你从遥远的边区带到这儿的?"

"我自己走来的。"

"一路上全是走来的?"

"全是走来的。"

"如果我们开除你的学籍,"斯捷凡校长盯着罗蒙诺索夫的眼睛说,"根据你所犯下的罪过,你的日子是不好过的:整天都要劳动,吃的只有面包和克瓦斯"。

"你愿意忏悔吗?"赫尔曼神父插了一句。

罗蒙诺索夫抬起头。

"学术委员会的先生们!"他用平时那种洪亮的嗓音说道。"为了学习,我不仅放弃了家中优裕的生活,而且就连我的生命也在所不惜,因为不学习,人活着就没有什么意义。至于其他的一切,对我来说并不可怕。我是农家孩子，我身强力壮。我的家乡在北方严寒的边区，恶劣的环境，艰苦的生活，我小时候就见惯了，并没有什么可惧怕的。现在，我所担心的并非一般生活的严酷无情，而是那种失掉认识世界上所有一切事物的人生。"

他不出声了。

圣彼得堡科学院的代表先生站起来，用洪亮而清晰的声音开始讲话。

"学术委员会的先生们！圣彼得堡科学院优先录取的第一名学生就是米哈依尔·瓦西里耶维奇·罗蒙诺索夫。"

这个决定不仅在大厅里回荡着，就连走廊里的学生也听得一清二楚，一片热烈的掌声传入了大厅。

中转签字，险些误事

12名莫斯科柴康诺斯巴斯学校的学生在退伍准尉波波夫的护送下，来到了圣彼得堡。罗蒙诺索夫和他的同学们别有兴趣地四下张望着，这又宽又直的街道，一条起码要等于莫斯科的三条。市中心的街道两旁，矗立着石砌的房屋，不少是二层楼房，粉刷成各种各样的颜色。许多房屋的附近，都辟有不大的花园，铁栅栏隔开了花园和木板铺成的人行道。罗蒙诺索夫心想，这座城市不是马马虎虎建成的，它到处可见的是严格的规划和秩序。街上随处可见的军官和士兵，就是这种秩序的维护者。

马车停在一座石砌的大楼前，这座楼房就是当年彼得大帝创立的俄国科学院。它的外表十分壮观，楼顶的天文观测塔高耸入云，楼房的大玻璃窗对着这些刚刚到此的陌生的学生，发出阴森森、使人望而生畏的冷光。

学生们下了马车，拿着自己的小包裹，活动着双脚，毡靴踩得水洼啪哒啪哒直响，罗蒙诺索夫激动地走到学院沉重的大门前。

吃过饭后,护送他们的波波夫告诉他们要去拜见科学院的有关领导,要他们出发前得整装打扮一番;要他们尽量做到礼貌一点。他们首先拜见的是科学院的学术秘书明茨先生,互相行到礼节之后,明茨通知学生们,办公室主任舒马赫尔先生正在办公室等他们。于是明茨先生就把他们领到舒马赫尔的办公室。

舒马赫尔先生坐在烧得热乎乎的壁炉旁的一把椅子上,四周摆着书橱;他一边用精致的小杯慢慢喝着不加牛奶的咖啡,一边翻阅着不知是谁的一份手稿。明茨先生和12名学生一进屋,整个办公室一下子就挤得满满的。舒马赫尔先生转过脸来,看着这些未来的科学院的学生,随即问道:

"谁带着介绍信呐?"

"在这。"罗蒙诺索夫拿出了介绍信,舒马赫尔看完后递给明茨。

"原来是这样。"他说:"我们等着要20名学生,结果只来了12名。哪位是罗蒙诺索夫?哪位是维诺格拉多夫?信里特别赞赏了你们二位。"

罗蒙诺索夫和维诺格拉多夫向他深深地鞠躬致谢。

办公室主任接着说:"你们明天就开始学习。今天是新年，我们把它当做一个节日来过。你们明天要上6个小时的课，上完3个小时后，中间有一顿午餐。教学大纲规定的范围很广，要从德语开始学，然后要学拉丁语、地理、数学、通史、绘画、舞蹈等。"

罗蒙诺索夫很快就认识了科学院的文牍员梭珂洛夫。通过他罗蒙诺索夫了解到了科学院的大量情况，尤其是这里的科研和图书的情况。科学院有自己的出版社，可出版一些图书和报纸杂志，图书在图书馆由舒马赫尔掌管，报刊由文牍员梭珂洛夫掌管。

罗蒙诺索夫的课余时间可尽其所好地翻看这些科学院自己的出版物，他像一个挨饿的人终于找到了寻觅很久的食物那样，如饥似渴地读着。

"人类智能上的愉快，莫过于他能认识和了解自然变化的方式和原因，认识和明了它是怎样，为什么，是什么"。这是罗蒙诺索夫在"注释"（科学院的出版物）上读到一篇文章的开头。

当他读完落到他手里的第一批书籍之后，他尝到了快乐，他就是为了寻找这种快乐而走出家门的。但是在柴康诺斯巴斯学校的最后几年里，这快乐是很不容易找到的。

在1735年的"注释"里，罗蒙诺索夫读到了刊载各个

Михаи́л Васи́льевич Ломоно́бсов

不同科学领域的文章：“关于太阳的黑斑”，"关于美洲的发现和欧洲人向美洲移民的情况"，"论耐火玻璃"，论"太阳系"等等一系列文章。文章里没有引用亚里士多德的任何一句话，也没有摘录圣经上的经文，这和他过去读到的出版物是不同的。这些文章都为罗蒙诺索夫揭示了他过去毫无所知的新领域。他明白了，过去五年在柴康诺斯巴斯学校学习的世界，与他现在生活的新世界是两个不同的世界。

罗蒙诺索夫和他的同学们了解到，科学院正进行着巨大的科学工作。他们看到许多学者在自己的研究室里整日埋头在书籍之中，并且用拉丁文写了不少研究作品。但是，这些都是外国人，他们在俄国首都显得很特殊，几乎完全不把他们的学识让俄国青年知道，还用极其轻蔑的口吻谈论俄国人民。外国院士们的学识令人景仰，但他们的傲慢态度却十分使人气愤。

这种感觉，罗蒙诺索夫体会得特别深刻。他知道得很清楚，在他的同乡中间，有许多观察能力很强且聪明的人，这些人并没有依靠书籍，也积累了关于海洋、鱼类和飞禽走兽的知识，关于天气及其变化的知识。

他眼前也出现了许多俄国人的形象，他们用自己的力量给自己开辟了知识的道路。他听到过不少有关他们的事迹。马格尼茨基、基普里雅诺夫、吉里洛夫就是这样的人物。

罗蒙诺索夫知道,俄国的科学技术还十分落后,他立志要改变这种落后的局面,要很好地利用彼得堡科学院的现有条件,发奋学习。然而,他哪里知道,他的生活又将发生新的转折。

当时俄国的西伯利亚地区还没有研究过,一个俄国使节经过西伯利亚到了中国之后,给彼得堡写信说:

西伯利亚省实为富庶之天府,盛产五谷,渔猎众多,且矿藏丰富,出产各种大理石与木材。以我之见,此处可称世上少有之地。"

根据元老院的命令,一支庞大的考察队被派到西伯利亚去了。参加这个考察队的有三位院士:博物学家、天文学家和历史学家。但是还需要一个能够寻找矿藏的化学家。

目前院士中间还没有这样的学者。同时,不仅在西伯利亚有丰富的矿藏,在乌拉尔和其他许多地方也都有矿藏。因此,对懂得采矿和冶金的化学家的需求,就显得非常重要。

Михаи́л Васи́льевич Ломоно́бсов

科学院决定派三名大学生到德国去学习这两门科学。

罗蒙诺索夫并不知道此事。一天,他正坐在靠近窗户的桌子旁写一首新诗,他一遍又一遍,写了抹,抹了写,一边写,一边不住地低声朗读着。天完全黑了,他不得不收起稿纸。突然,他听到走廊里跑进来一个人,紧接着后面还有急促的脚步声,大门被打开了,第一个跑进来的是维诺格拉多夫,后面跟着的是瘦瘦的古斯塔夫,再往后是一帮学生。维诺格拉多夫由于激动,也由于跑得太快,上气不接下气,但他跑过来搂住罗蒙诺索夫的脖子,嘴里只是大声地喊:

"好消息,米哈依尔,好消息,我的好朋友!"

"喂,什么好消息?米特里,你说呀!"

"我们要走了,我的朋友!你、我、他,我们三个人!"古斯塔夫·列依泽尔说道。

"到哪儿去,列依泽尔?米特里,我们要到哪儿去呀?"

"出国!"维诺格拉多夫对着罗蒙诺索夫的耳朵大声说:"到沃尔夫(克里斯蒂安·沃尔夫1679年至1754年,德国唯心主义哲学家,物理学家)教授那儿去!"

"你们要出国了!"一群学生齐声喊道。

罗蒙诺索夫用手擦擦他那额头上冒出的冷汗，然后一把抓住米特里的双肩，摇晃着说：

"米特里，你说什么？到沃尔夫教授那儿去？那……那是不可能的！"

"这是真的！"列依泽尔证实说。

"出国干什么？"最后罗蒙诺索夫问道，目光从一个人身上又移到另一个人身上。

无比激动的维诺格拉多夫直冲着他的耳朵喊道：

"去学习！学采矿！学世界上所有的知识！"

"我可以更确切地告诉你"，列依泽尔细声细气地说："首先去马尔堡学习物理学、化学、机械学、矿物学和博物学。然后我们再转去弗赖堡市学习采矿学，因为我国特别需要采矿专家。我们的科尔夫(俄国科学院院长)给德国写信，请求他们派学者来我院教授采矿学和化学，结果得到的回答是：他们这方面的人才也不多，说让我们派学生去学，既学习化学，又可对矿场进行实地考察。"

"物理……化学……"罗蒙诺索夫重复着，觉得有什么东西堵住了咽喉，喘气说话都很困难。这不就意味着可以通过实验来验证自己过去的想法吗？可过去是什么想法，他目前只有高兴，哪里还回忆得起来。

"或许只派你俩去吧?"他突然问古斯塔夫·列依泽尔。

维诺格拉多夫没有让他再说下去:

"只派我们俩!把你留下?你是我们这儿的天字第一号优秀生!懂吗?天字第一号!你是科学院里寄希望最大的一个。"

罗蒙诺索夫仍然站在那一动未动,惘然地看着他的同学。他自己把两只强有力的手紧贴胸前。

第二天,他们被叫去参加由舒马赫尔主持的教学会议。在科学院的会议室里,舒马赫尔亲自向他们正式宣布科学院学术委员会的决定:决定选派学生列依泽尔、维格拉多夫、罗蒙诺索夫出国留学,首先要学习博物学,然后学冶金学、采矿学,回国后他们应成为矿物物理学家和采矿专家。要求受过大学预科教育的学生必须掌握拉丁语和德语,才智、才能兼备,以便使学生能够独立工作。并能在各方面严于律己。

罗蒙诺索夫他们除上课外,什么也干不下去,只盼着什么时候启程。彼得堡这短短的时间,对他们好像是人生旅程的一个中转签字处,签字后,他们会继续向前,旅行到一个更加崭新的世界。

对于罗蒙诺索夫,这中转签字并非一帆风顺,有人想夹楔挤掉他。

一天，罗蒙诺索夫和维诺格拉多夫沿着涅瓦河岸散步，罗蒙诺索夫对他的同学说：

"我有件倒霉事，我丢了一个笔记本，为了以后用起来方便，我把所有的想法和一些见解，还有新写的诗全都抄在上面了。"

维诺格拉多夫担心地问："你这是怎么搞的，它可能丢在哪儿啦？"

"不可能丢的，我放在桌子的抽屉里，还锁上了。唉，算了。或许能找到，那本笔记本除了我，对别人谁都没用。"

他哪里想到，这对别有用心的人的用处是多么的大啊！

这个别有用心的人名字叫盖尔。不知怎的，罗蒙诺索夫和维诺格拉多夫都不喜欢盖尔。

"我不喜欢盖尔这个人。"罗蒙诺索夫慢悠悠地斟酌着说。

"那个老狐狸，我早就有所领教了"。维诺格拉多夫应和着说。

"现在我更加不喜欢他了。他忌妒我们俩，米特里！

我预感到，只要是能把我们的出国名额换掉，他可什么鬼名堂都搞得出来"。

这时，天上乌云密布，电闪雷鸣。罗蒙诺索夫和维诺格拉多夫急忙往回走，当他们来到科学院的院内时，他们发现宿舍的窗子里有一线微弱的灯光，像是有人拿着蜡烛在房间里走动着。

"米哈依尔，你看，我们的房间里有光亮，可我们现在还没有发蜡烛啊！"维诺格拉多夫说。

"可能是自己人。"罗蒙诺索夫随口说了一句。

他们迅速往上走，在漆黑的走廊里，他们碰上了盖尔。他一声没吭，从旁边走了过去。

"你看，他是在找什么东西。"维诺格拉多夫嘟哝着。

"喏，他是想顶替我们俩出国。米特里，眼下你最好什么也别跟他说。……"

这时，科学院的学术秘书明茨已经穿好睡衣，戴上睡帽，准备就寝了，只听有人小心翼翼地敲他的门。他走上前去开门。

"谁？噢，盖尔，发生了什么事啊！"

盖尔惶惶不安地说："明茨先生，"他把门关严，嗫嚅道，"我早就想跟您谈谈有关罗蒙诺索夫的情况，他胆大妄为，竟敢嘲弄……我实在不敢说出来，明茨先生……"

"你就直说了吧，真见鬼！"学术秘书大声喊了起来，摘掉了睡帽，扔到了桌子上，"罗蒙诺索夫到底嘲弄谁了？"

"嘲弄庇隆（1690年至1772年，德国人，安娜·伊万诺芙娜女皇的宠臣，独揽俄国宫廷大权。）殿下！"盖尔压低了声音，连珠炮似的说道："我找到了罗蒙诺索夫前不久写的诽谤庇隆先生的一首诗，他还夸口要嘲笑欧洲。您想想，明茨先生，如果派他去那里，后果会怎么样！"

学术秘书痛心地摇摇头，"你有把握说诽谤诗确实是他写的吗？"

盖尔把一张写着德文诗的纸，放在学术秘书面前。

"您看见了吧，有他签的全名呢"。

明茨先生看着诗句，气愤地说：

"我必须马上去见舒马赫尔先生，向他报告这事。我们的优等生，原来就是这等品德，我看他恐怕去不成马尔堡了。"

"明茨先生"盖尔走到门口又踅回来说："完全可以另找一个人来顶替他。可我想请您记住，谁要是给我帮忙，我是感激不尽的。"

学术秘书依然痛心地摇着头。

这时的罗蒙诺索夫，正在制订出国学习计划，他飞快地写着，然后停下笔，念给维诺格拉多夫和列依泽尔听："头两个月的学习计划是：化学方面——要研究活动性元素的化合物；地质学方面——要研究稀有金属的成因；……诗歌嘛……"

正在一边看书的列依泽尔打断他的话："这样一来，你的这个计划可就面面俱到了！"

"我们就是要什么都学，列依泽尔。"罗蒙诺索夫热情洋溢地答道："我们要学习法学、农艺学、道德修养、天气预报、采矿工艺、还有……"

他还没有说完，明茨先生匆匆走了进来。

"古斯塔夫·列依泽尔，这是你的托运单，你自己保管好。维诺格拉多夫，这是你的。"

罗蒙诺索夫看着学术秘书。

"明茨先生，我的托运单在哪儿？"

"你的？"明茨先生反问了一下。"你的托运单不在我这儿。"

"为什么？"罗蒙诺索夫有些吃惊地问。

"因为,"学术秘书回答说:"不派你去欧洲了。"说完随手把门"砰"的一声关上,走出了房间。

聪明的罗蒙诺索夫立刻猜出了事情的原委。他来到了盖尔的床前。

盖尔和衣躺在床上,罗蒙诺索夫只是轻轻地叫了一声:

"盖尔!……"

盖尔忽地从床上坐起来,用惊呆的目光看着罗蒙诺索夫,浑身上下颤抖着,急忙跳下床,高声喊起来:

"你要干什么?走开!走开!不然我就叫人了!"

罗蒙诺索夫向后退了一步。

他不慌不忙、清清楚楚地问道:

"你干的好事!你对明茨先生说我什么啦?"

盖尔刚想溜走,罗蒙诺索夫一把抓住他。

"你对明茨先生说我什么啦?"他又大声问了一遍。

"你管不着!"盖尔喊道。

罗蒙诺索夫两只强有力的手使劲地扯住他的领子摇晃着:

"你给我说!"

就在这时,有本不大的笔记本连同几页纸从盖尔的衣袋里掉了出来。他扑过去拼命去拿笔记本；但罗蒙诺索夫抢先一步拿到了手。当盖尔向他扑来企图夺回笔记本时，他抄起一把椅子，向他砸了过去。随后，他跑出门外，在盖尔未跑到门口之前，用钥匙从外边把盖尔反锁在屋里。

罗蒙诺索夫来到了学术秘书的办公室，把几张纸放在桌子上，他和明茨埋头看着，这上面全是罗蒙诺索夫名字的签名。很明显，盖尔是模仿罗蒙诺索夫的签名。

"这下您全明白了吧，明茨先生。"罗蒙诺索夫说，他自己写了诽谤诗却伪造我的签名！这儿还有诬告我的三份材料的草稿。"

学术秘书激动地握着罗蒙诺索夫的手说：

"我高兴，非常高兴，我们的优等生到底要去欧洲的！"

罗蒙诺索夫十分自信地回答："是的，我是要去的！"

明茨先生急忙去找舒马赫尔，要他立即更改逮捕科学院最好学生的命令。遭逮捕的是他——盖尔，而不是罗蒙诺索夫。

罗蒙诺索夫回到宿舍的时候，维诺格拉多夫已经睡了好长时间了，罗蒙诺索夫抑制不住战胜者的喜悦，他要告诉他最亲密的朋友。他轻声地呼唤着熟睡的维诺格拉多夫：

"米特里！"

维诺格拉多夫一下子醒过来，他抬起头，瞪眼看着罗蒙诺索夫，他今天等他等得心烦意乱，当看到罗蒙诺索夫满脸的喜色时，他蓦地从床上坐起来。

"米哈依尔，胜利是属于你的，对吗？"他半信半疑地轻声问了一句。

"是的，米特里，我去的，一定要去的。"他悄悄地回答说。

他无论如何也无法说下去了，他抱着这个几年来朝夕相处在一起的十分要好的朋友，两行热泪在他从不流泪的眼里流了下来。

他和他的同学启程了。他站在甲板上，同前来送别的人挥手告别。望着祖国海岸线的渐渐远去，他想到了祖国赋予他的使命，想起了祖国的人民，祖国的大自然，以及祖国正在萌芽的科学事业。他决心不辜负祖国和人民的殷切期望，到国外去一定加倍的努力学习，学得真知识，掌握真本领，将来更好地报效于祖国，报效于人民。

真理的追求

在马尔堡，沃尔夫教授的秘书普菲尔硕士提前来到驿站里，为三位来自俄国的大学生接风。驿站的小酒馆里，普菲尔先生已预定了酒席，整个小酒馆像是迎接外宾一样上上下下忙个不停。

普菲尔先生向人们这样介绍说："我们正等待圣彼得堡科学院派到我们光荣的马尔堡来的三位俄国大学生，他们是到我们德高望重的教授——我尊敬的保护人克里斯吉安·沃尔夫博士这儿来学习的。"

罗蒙诺索夫、维诺格拉多夫和列依泽尔三人下了马车，普菲尔先生立即迎上前去，自我介绍说："现在站在诸君面前的就是沃尔夫教授的秘书，数学硕士约翰·普菲尔！你们的证件在哪里？"

学生们拿出了证件。

"完全正确，给我的指令上写着的就是这几个人的名字。"他神气地说完这些话，开始和三位俄国大学生一一握手，然后宣布说，明天早晨 8 点整，他将高兴地带诸君去克里斯吉安·沃尔夫教授和博士的实验室，现在先用餐。

罗蒙诺索夫他们边说，边笑，无拘无束地喝起酒来。吃得正尽兴，突然，驿站的门开了，一位普鲁士军官推门走了进来，他的灰眼睛喷射出袭人的冷光。

"我也来了，瓦列尔先生，"他大声对掌柜说着。"我真喜欢和年轻人一起寻欢作乐！"

俄国大学生赶快给他让出一个座位，维诺格拉多夫拿过酒来招待他。他注视了身材高大的罗蒙诺索夫，抓起满装啤酒的杯子，坐到了罗蒙诺索夫的跟前来。

"来，碰一杯，俄国年轻人！"

罗蒙诺索夫高兴地跟他干了一杯。

"到马尔堡来有何贵干？"军官殷勤地问。

"学习。"罗蒙诺索夫简单地回答了一句。

"唉，算了！学那干啥！凭你这棒体格，我能推荐你参加我们勇敢的普鲁士皇家兵团！那有漂亮的服装和显赫的地位！"

罗蒙诺索夫仰面大笑。

军官低下头，悄声对罗蒙诺索夫说：

"年轻人，你想不想要荣誉，想不想要金钱？想不想搞女人？要是你能加入我们英勇的国王费里德利赫——威廉的特别团，你要的这一切都会到手，我愿为您效劳！"

俄国大学生们听完这番话，采取了一个出人意料的行动：把自己的一只手上的三个指头捏在一起，然后把大拇指从食指和中指中间伸出来，送到这位普鲁士军官的鼻子底下，不停地挥动着，以示对他的轻蔑。

普鲁士军官涨红着脸，站起身来用军人的步伐走向门口，他的身后响起了大学生们的口哨声。

他猛然转过身，愤怒地叫喊道：

"俄国的花花公子们，咱们后会有期！"

从当地人的谈话中，罗蒙诺索夫他们得知，这个军官是专门为普鲁士的皇家特别军团招募志愿兵的。

每逢星期一，克里斯吉安·沃尔夫教授通常都是和自己的学生在家，在一间不太宽绰，但设备相当不错的私人实验室里讲课。他讲的内容几乎都是最新的实验结果。

这天是个星期一，秋日的清晨，秋高气爽，阳光直射进窗口，井然有序地放在大工作台上的金属零件和物理仪器，在明亮的光线照射下，闪烁着耀眼的光辉。一部分学生的工作台暂时还空着。沃尔夫教授的两个助手福赫特和哈麦尔早已来到实验室，清理着房间。三个德国学生：别杰尔、古戈和沃尔夫拉姆连说带笑地走进了实验室。

不大一会儿,教授先生出现在实验室的门口,他身材高大,腰板笔直,鹰钩鼻子,有一副鹰一样锐利的目光,头上戴着雪白的大卷假发套。这位被普鲁士政府驱逐出境的学者,尽管心里充满了屈辱感和余痛,但依然保留着傲然独立的性格和稳重举止的风度,而且到最后,仍然坚信自己是正义的。

这时,三个俄国大学生来到了实验室。列依泽尔带着敬意而又好奇地环顾着四周,罗蒙诺索夫惊喜的目光停在物理仪器上。他跨进这个小实验室——这是他见到的第一个实验室。他仿佛跨进了新生活的门槛,他的心里充满了激情和欢乐。

身材矮小的普菲尔郑重其事地说:

"站在你们面前的是数学和物理学博士兼哲学博士克里斯吉安·沃尔夫教授。"

罗蒙诺索夫抬起头,他的目光与教授投过来的目光相遇了。俄国学生向著名的教授深深鞠躬,教授和他们一一握手,普菲尔介绍着每个俄国青年的名字。

教授说:"喏,我很高兴,你们也来认识一下吧:这是你们将来的同学——大学生和实验员。福赫特,你告诉

Михаил Васильевич Ломоносов

每个前来的学生,今天的物理实验课,我准备八点半钟开始上,我和普菲尔先生到我的办公室去一会儿。"

说完他和秘书走了。

实验室里剩下俄国和马尔堡的大学生们。德国大学生开始嘲弄着俄国大学生,经过一段时间后,他们都有了初步的印象。

教授的第一助手福赫特对罗蒙诺索夫说:

"看得出来,你知道得很不少。但一般的说,科学在俄罗斯还不太发达。"

"是这样,"罗蒙诺索夫说,"我们还没有真正的国民教育,但我们一定要开展国民教育的"。

沃尔夫教授的第二助手哈麦尔带着轻微的嘲弄和蔑视的神情望着身材高大的罗蒙诺索夫插言道:"一年前我们大学派了一个物理学教授到你们的科学院去讲学,但不知怎的他很快就返回了德国。"

他以为罗蒙诺索夫要么感到羞辱,要么感到气愤会回敬他几句。可这个衣着寒碜,身高体胖的小伙子,既不为他嘲弄的目光而感到发窘,也不为他那明显的藐视的语调而怒火中烧。他慢慢地离开放仪器的桌子,望着哈麦尔那双眯缝着的眼睛,语气平和地说道:

"我听过他的课,他一共讲了两次。他知识渊博,但思想远远达不到对事物本质的真正认识和透辟的理解。"

哈麦尔的眼睛眯成了一条线,他用过于客气带有明显挖苦的语气问道:

"依您的观点来看,如何才能达到对事物本质的真正认识与完全理解呢?"

罗蒙诺索夫十分肯定地回答说:

"这取决于数学,数学是一切事物的真正尺度;而且我认为物理定律没有数学的帮助是难以掌握的。"

"说得好!"一个响亮的声音说道,人们不约而同地把目光转向门口,沃尔夫教授出现在大家面前。"说得太对了,我的新学生!这种见解到现在还很少有人赞成。"

沃尔夫教授微笑着接着问罗蒙诺索夫:

"您是否早已听说过,有几个古代的哲学家就已得出了这样的结论了?"

"我读了狄奥根·拉艾尔梯乌斯关于数学的论著。也读过毕达哥拉斯以及另外一些希腊人关于数学的著作。"新学生答道。

"读的什么译本?"沃尔夫问道。

"俄文译本暂时还没有。希腊和罗马哲学家的著作,我读的全是原文，费了九牛二虎之力，才弄到那些原版书。"

"是这样，"沃尔夫说："希腊语你们是在一年级开始学的吗？"

"希腊语在莫斯科科学院时还没学过，是我自修的。"

沃尔夫教授扫视了一下整个教室，然后锐利的目光朝向别杰尔和古戈：

"亲爱的同学们，你们和这个俄国青年在一起会学到很多东西的。"

几次课上过以后，罗蒙诺索夫感到，从童年时代就产生了的并为之备受其苦的难以满足的求知欲，现在终于得到满足了。北极光，万有引力定律，冷和热，地球内部与天体结构，甚至还有连他自己也不明白的、一直顽固地盘踞在他头脑中的关于物质结构和物体本质的思想，——这一切在理性和正确认识的光辉照耀下，终于把其奥秘展现在他面前。而他将进入的那个世界，像一个新的圣殿，它的名字就叫宇宙。

有一次，上完课所有的人都离开之后，沃尔夫教授把他留下来，亲自指导他参观自己的实验室，回答他提出的一切问题。虽然教授的有些回答还不能完全令他信服，但他那渊博的知识已使罗蒙诺索夫惊叹不已。

在这里，无论是大学的深院里，还是在沃尔夫教授的实验室里，他终于能够去探索宇宙内在的一切，探索其隐蔽的规律。他觉得心中充满了巨大的、强烈的欢乐。他抬头仰望秋天的夜空，低头俯视繁星映照下的整洁的小路。他觉得他的身材是那么的高大，体魄是那么的健壮，他站在那里，深吸着夜晚的清新空气，享受着夜的静谧。

他勇敢地想尽一切方式追求知识，追求真理。这引起了他身边的德国人的嫉妒和不满。他们开始议论着罗蒙诺索夫。

"他没在这儿吗？"哈麦尔把头伸进实验室，扫视了一下周围的实验桌。

"你是说罗蒙诺索夫吧。"普菲尔回答道。

"一般说来，我讨厌俄国人，但主要是讨厌他。"

"有他在，我们实验室里的争论什么时候才能结束？"

"结束？"哈麦尔愤愤地毫不掩饰地说，"论文送到我校的《德国科学》杂志编辑部去了"。

"喏，不错，"普菲尔神气十足地说，"关于这一点教授先生也知道得一清二楚"。

"他知道！"哈麦尔激愤地在实验室里来回走动，不是碰到桌子，就是踢着凳子。"教授先生还不仅如此，我坚信，他要不去，文章是不会被采用的。"

"难道您也认为我的论文确实不如罗蒙诺索夫的？我的论文被退回来了。"

秘书摊开双手作为对他的回答。

"这个罗蒙诺索夫真是胆大妄为，太放肆了。"哈麦尔喋喋不休地说道。"这个俄罗斯阿尔汗格尔斯克的渔民竟然斗胆包天，在自己的论文里声称他'不完全同意'——他'不完全同意'沃尔夫教授关于液体物质的热和光的观点……"

"但是，哈麦尔，就我所知，教授先生很重视培养自己学生的独立思考能力。正是这种工作能力才使教授这么关怀罗蒙诺索夫。"

"关怀得太过分了！"哈麦尔狠狠地打断他的话，"这损害了我们的学者和德国科学！"

"请您安静一下，哈麦尔先生，真的，您把那些微不足道的小事看得太严重了。"普菲尔摇着头说。

哈麦尔更加暴跳如雷。

"不，这不是小事！"他已经到了狂喊的程度，用手猛烈地敲着椅背，"如果我，一个真正的德国人，而且在教授的实验室里已工作了五年,现在得向这个两年前刚刚迈进我们实验室的俄国好冒尖的家伙在各方面让路,这怎么能是小事!他想往上爬,那就走着瞧吧!"

普菲尔感觉哈麦尔说的有些过分了,他感叹道:

"噢,哈麦尔先生,窗户开着,他就在附近,人家会听到您的喊声!"说完,他就急急忙忙地躲到实验室去了。

罗蒙诺索夫已经来到了实验室,他两眼直盯着哈麦尔。一步一句地说:

"不,哈麦尔,在德国,我并不打算在科学上求得什么功名,而且我也不是为了这个才来这里学习的。"

"上帝才晓得,米哈依尔,你怎么能来得及干完这么多事?……你要写文章,听说还要写诗,学习又不能落在朋友后面……今天早晨我们大家从你窗下走过时,一边还唱着歌,说真的,我担心你上课会迟到的。"

"就算迟到吧。不过是另有原因"。罗蒙诺索夫说,"今天早晨我读了声名狼藉的化学家史达尔的著作,关于燃烧物质的问题,我发现他的学说是不能令人信服的。"

"这太叫人吃惊啦!"哈麦尔从背后冒出一句。"罗蒙诺索夫怎么没有想到把你的著作和高见寄到巴黎科学院去呢?要知道,那儿刚发布消息说,要给研究燃烧物质的著作领发奖金。传说，他们的著名哲学家伏尔泰（1694年至1778年，法国著名作家、哲学家、思想家和启蒙运动的领袖）写了一篇博士论文参加评比，所以只缺了一个罗蒙诺索夫。大概，他有可能得到奖金吧。"

"有朝一日，我会得到的。"罗蒙诺索夫准备了更加刻薄的话回敬对方。但实验室墙上的大挂钟响了八下，沃尔夫教授出现在实验室门口，于是大家才默不作声了。

在马尔堡度过了很长时间，罗蒙诺索夫长进很快，他敢于向别人的观点和见解提出疑问了。

有一次，上完沃尔夫教授的课，同学们都走光了，罗蒙诺索夫一个人站在窗前陷入了沉思之中。维诺格拉多夫见外边没有罗蒙诺索夫，就回到了实验室。

"米哈依尔，你又在想心事啦？咱们到缪勒酒馆去好吗，我们的人都在那吃午饭。"

罗蒙诺索夫有些不高兴的样子说："我哪儿也不想去，我看最好出去逛逛，米特里，你要是愿意，就跟我一起走吧。然后，咱们再去缪勒酒馆。"

他们俩慢慢地向郊外走着，"好像发生了什么事吧？"维诺格拉多夫一面想一面问。

罗蒙诺索夫慢慢地坐在一块石头上，满脸严肃地开口道：

"不久以前，我买到了一本书，叫做《关于自然现象的理性见解》它是 1724 年出版的。我一口气把它读完，书中认为：在自然界，据说从造物伊始，一切都已安排就绪，而且处于伟大的和谐之中；又说，一切现象，不管是多么遥远的星座，还是在小河畔放牧的大鹅，一旦被创造出来，即和平相处，而且皆备于我，别无其他用场。你说我该怎么办呢？是一笑了之还是表示惋惜呢？大鹅可以烤食其美味，但如果把天上的星座月亮和太阳视为造物者点燃的明灯，那就错了，这根本不是一回事。"

"是啊，这还用说，连小孩子都知道。"维诺格拉多夫应和着。

两个人望着河水，继续走着。

罗蒙诺索夫接着说："写这本书的人，在某种程度上还不如小孩子呢。喏，瞧，那些小鱼儿，让大鱼吓得直跑！而大鱼又要躲开比它还要大的！一些动物，它们在远古时代就互相吞噬。你想想，在当今社会，无论是奴隶还是高高在上的统治者，这一切难道都是命中注定的吗？"

罗蒙诺索夫换了一个口气，继续说：

"不，米特里！世界上的邪恶势力太强大，应该和他们进行斗争。这就像人们改变大自然一样，要战胜它，而不是熟视无睹。这本书，我觉得，它放出的是一种陈腐的观念。"

维诺格拉多夫劝说道："你怎么为这本书这么难过和气愤呢？读完了，就算了，扔到一边，忘了它，那还有啥！"

罗蒙诺索夫痛苦地回答："忘了它？你知道这本书是谁写的吗？"

"谁？"

"是沃尔夫本人写的，沃尔夫教授，一个了不起的学者，我的导师，我崇敬他，并且永远尊重他。这就是为什么使我这样痛苦不堪的原因。关于沃尔夫的燃素学说，关于光的物质属性，等等现象，都是我的理智难以接受的。我为此越发感到痛苦……因为我觉得我的智慧中掌握着真理，我又不能对沃尔夫本人用实验来证明他所论述的东西。"

"有朝一日，你会证明的。"维诺格拉多夫满怀信心地说。

"我想也是如此！看来，人是不可能一下子把所有的东西都能掌握住，只能掌握最好的、最正确的那一部分。

关于物质运动的问题，我有时觉得，这种运动既没有开始，也没有终结。但这一点，我一下子还不想说明白，而总有一天，人们对这点会深信不疑的。"

"你呀你，要是你想到个什么问题，就得非弄个水落石出不可。这一点，我还不了解你！好了，我的朋友，肚子饿得连道都走不动了。"维诺格拉多夫说。

"好，咱们吃饭去。"

他们大笑一阵，沿着来路向城里返回。

沃尔夫教授对于学生的学习是全力相助的，他的书谁都可以借，学生们总是在课后把沃尔夫教授的书还给他，然后再借一批新的。罗蒙诺索夫借还图书的频率比任何人都快，他如饥似渴地从书中吸取知识。尽管沃尔夫教授非常珍爱自己的图书，但每次都高兴地借给这个俄国学生，并对他的阅读速度之快感到惊讶。他意识到，不管借书的时间限制得多么短，罗蒙诺索夫不仅能在规定的时间内把书还回来，而且还来得及把读过的东西做出内容提要。

这天上完课之后，罗蒙诺索夫手捧着史达尔的化学教材来到沃尔夫跟前。

教授先开口道："你认为史达尔先生的著作怎么样？"

学生回答说："据我的理解，史达尔先生的论点是没有任何说服力的。我认为布哈维先生的《化学基础》才是一本真正的好书，它可使人们获得极其重要的知识，我认为他是最伟大的化学家之一。"

"我很高兴，这个极有才华的学者受到您的好评。"教授不冷不热地说。

罗蒙诺索夫看着自己的老师。

"教授先生，您看有关不可见的分子实验应该如何进行？"

"我并不完全理解您的意思。"教授说。

学生固执地回答说："关于构成一切物体的不可见分子的学说，我是在英国物理兼化学家罗伯特·波义耳（1627年至1691年）的著作中读到的。我认为波义耳的论断特别令人信服之处在于，只有同时借助物理、化学和数学才能对微粒子进行研究。所以，我认为，也只有数学才能指出走向正确判断的途径。"

沃尔夫教授从讲桌后面站起来，十分严肃地说："在世界观方面我们尽管存在着分歧，但我完全能够理解您的思路，并且十分欣赏您的独立见解。我从总体上赞赏您的思维方式，——是从整体上。为了证明不可见分子的存在而进行实验，这个问题您在自己的论文中，谈得很有说服力，但这种研究在你们科学院暂时还提不到日程上来。"

"这要不了多久就会实现的。"学生的回答是那样的坚决。"我的祖国——科学事业还不发达，但我们一定要发展。她没有中世纪那种沉重的包袱，她是能够发展国民教育的，发展国民教育首先需要的是专家和学者。我已立下壮志：把我的知识和本领完全贡献给祖国的科学事业。"

说完，学生很有礼貌地起身和老师告辞，他的脚步声已消逝了，可这位著名的教授仍然伫立在那儿，陷入了长长的思索当中。罗蒙诺索夫有罕见的天才，这个在海滨长大的小伙子，什么事情都做得那么好，工作起来充满热情和冲劲，真是难得的人才啊！但遗憾的是，他所有的思想都集中在开创自己祖国的科学事业上，太可惜了。

按规定，俄国学生在马尔堡沃尔夫教授这里学完所有的课程通过考试之后，就将被派往弗赖堡，到矿务顾问亨克尔先生那里学习矿业。沃尔夫教授已接到圣彼得堡寄来的报告，他心里十分清楚，俄国学生尤其是罗蒙诺索夫的求知欲和聪明才智要高出其他的学生，他们的离去，他的实验室将变得冷冷清清。

分别的时候到了，学生们前来向教授道谢。教授望着罗蒙诺索夫不无伤感地说："您在这儿获得了特别牢固的基础知识，我相信，为了科学，您是能够克服一切艰难险阻的。"罗蒙诺索夫动弹了一下，想要拥抱自己的教授。可教授挥挥手，快步走了出去。罗蒙诺索夫久久地注视着实验室里的一切……

冲突与取道回国

无论是为人处世、做学问，还是实验仪器方面，与沃尔夫教授相比，亨克尔先生都黯然失色。

他郑重其事地把三个俄国学生领到他的实验室——黑暗的地下室的一个椭圆罩子下面，那里安装着三个炉子：分析检验炉、熔化炉和蒸馏炉。学生们环视着三张实验台上的全部仪器，兴致勃勃地、好奇地询问着每一件物品。

罗蒙诺索夫对亨克尔顾问提了好多问题，如矿场本身的结构、矿层的深度、气体在矿场内的流动等等。亨克尔讲解矿业时，顺便提及化学，把它称为"技艺"，认为它和矿业的距离较远，所以并没有什么作用。罗蒙诺索夫坚决而勇敢地对顾问先生提出了反驳意见。

"我看并非如此，"他说："布哈维在《化学基础》一书中首先注意的就是化学的实际应用；我认为它是一门伟大的科学，而不是一种'技艺'。这门科学研究的是：最复杂的物体是由极小的分子组成的，而复杂的物质又可以分解为极小的肉眼看不见的分子。"

"什么，什么？"亨克尔先生站在这个不安分守己的大学生面前扬声道。"布哈维的不可见的分子学说？你不知道在你提到的那位学者的著作中完全没有关于燃素的学说吗？"

"我完全清楚，"学生回答说，"正如燃素在自然界中不存在一样清楚。"

"你说什么？"亨克尔大声喊起来。"是什么东西使你有权利竟敢发表这种议论？"

"是理性。"学生一边看着仪器，一边回答。

亨克尔又讥讽地问道："您认为产生热的原因是什么？"

"是由于看不见的分子运动的结果。"罗蒙诺索夫泰然自若地回答。

"好哇，看不见的分子，谢谢您啦，现在有许多的学者都有这么奇怪的念头。"亨克尔继续说。

罗蒙诺索夫皱起眉头。

"这种思想还是法国学者和哲学家笛卡儿（1596年至1650年，法国哲学家，物理学家和生物学家）早已阐述过了的。他说过运动守恒时曾断言，世界上没有完全静止不动的点。"

亨克尔用他那干巴巴的手指头敲着桌子,高声说:"好啊,——年轻人,我能不能由此得出一种结论,说你赞同笛卡儿学说——即笛卡儿主义的结论?"

"完全正确。"年轻人坚决地回答说,"因为他的学说是研究宇宙的物质统一性。他认为宇宙的本质在于物质的急速不停的运动,确切地说,在于无形的分子的运动,即微粒子的运动。"

亨克尔靠在沙发上,哈哈大笑起来,然后轻蔑地说:"好极了!无形的微粒!好极了!如果什么也看不见的话,那你们又根据什么把美好的微粒称之为物质呢?我活了几十年,只是在童话里听到过无形的鬼怪,但不是什么看不见的物质!我认为:笛卡儿学说的论点在科学上是一种邪恶学说;我们的义务在于提醒青年学生,1643年,在乌特勒支,1647年在莱登市,科学家笛卡儿的所谓学术著作被刽子手付之一炬了。"

罗蒙诺索夫有些愤怒了,但他还是抑制着内心的怒火,继续说道:

"我们自己很清楚,我们是作为克里斯吉安·沃尔夫教授的学生,而不是笛卡儿的学生到这里来的。沃尔夫教授断言,任何物体都有自己的度,并可以进行分割;他被分割的部分称为：'不可思议的小粒子'。我与沃尔夫教授的意见相反，认为这些小粒子是完全合乎客观实际的，而且是均质的。但这位科学家的《实验物理学》并未被焚毁，虽然他本人是被普鲁士驱逐出境的，这当然并不是普鲁士的光荣。"

矿务顾问没有再问，只是说："学生先生，不得不承认，沃尔夫教授为你们的学习打下了相当坚实的基础。"

他们的意见分歧，他们的冲突这仅仅是开始，更大规模的还在后头。

亨克尔给学生上课敷衍塞责，他贪污彼得堡寄给俄国学生的生活费，经常玩牌赌钱，在学生中已产生了极其不良的影响，罗蒙诺索夫认为跟这样的人是学不到什么东西的，他开始自行安排自己的生活。

他爱好写诗，当时从彼得堡传来了可靠的消息，说俄国军队攻下了土耳其的霍亭，于是罗蒙诺索夫用新的方法写出了一首《攻克霍亭颂》。

他对睡眼蒙眬的维诺格拉多夫说："米特里，我写了一首颂诗。过去土耳其人奴役过我们，现在在霍亭城下，他们知道了俄国士兵的厉害，我感到难过的是，当初我不在那里。"

"你写的颂诗？是不是别人写过的东西？"

"不，我要别人写过的干吗？我只按照自己的方式写诗。米特里，你说能不能把这首诗寄到圣彼得堡去？"

"能，为什么不能呢？"维诺格拉多夫答道。

"我觉得我的诗的诗韵比享受着至高荣誉的特列基亚科夫斯基的要响亮，因为在这个诗人的诗句里听不到战斗的声音。"

"什么？你说什么？"列依泽尔和米特里异口同声地打断他的话。

"听不到战斗的声音，"罗蒙诺索夫重复一遍，"换句话说，就是诗律，没有这些，就做不出诗来。"

"朗读一下你的颂诗吧！"列依泽尔说。

罗蒙诺索夫打开第一页纸，朗读到：

> 突然的狂欢会使人心醉，
> 会把人推向高高的峰巅；
> 林中的风儿已停止狂吹，
> 深深的山谷里是一片静恬。

米特里和列依泽尔一心想听他继续读下去，可罗蒙诺

Михаи́л Васи́льевич Ломоно́бсов

索夫却放下手稿。

"剩下的我还没有写完,我一旦写完的话,就把它想法寄到圣彼得堡去。"

维诺格拉多夫从床上跳起来,"好诗,好一个米哈依尔,你能成为一个真正的诗人!因为像你这样的写法,我们国家今天还没有第二个!你的诗是那么贴切,那么和谐,简直美极了!"

除了写诗外,罗蒙诺索夫的大量的时间要下到矿场去,用心地去观察巨大的熔炉,观察矿石成为金属的全过程。他进入到工人当中,给工人讲北方渔民的生活故事。他到工人家里做客,为他们分忧解愁。一次他和一个矿工一起回来,小伙子难为情地向罗蒙诺索夫借钱,罗蒙诺索夫把身上全部的生活费给了这个工人,这事正巧被亨克尔看见了。

吃过晚饭,亨克尔叫住了罗蒙诺索夫。

"学生先生,我应当郑重地宣布:您近来的行为引起我极度的不安。您对你们圣彼得堡科学院寄给您的生活费挥霍无度,为此,我必须向科尔夫男爵和舒马赫尔先生负责……"

"挥霍无度?"罗蒙诺索夫重复着、反思着,"既然这样，我只好有劳顾问先生，请您解释一下，我是怎么挥霍无度啦？"

"我请您闭嘴，让我把话说完！"亨克尔愤怒已极，满脸涨得通红。"我今天看见你把钱给了一个工人，这钱他是不会还给你的，知道吗？"

罗蒙诺索夫以挑衅的口吻说："即使这样，那又怎么了，这钱是我的！"

"不，不是你的！"亨克尔终于大发其火了。"年轻人，据我所知，你手中没有个人的钱。我还应当向你提出警告，你喜欢到下层去，这显然是受了农民家庭出身的影响……关于你的这种所作所为，我要通知你的上司。"

"您说什么？"罗蒙诺索夫炸雷一样的声音在亨克尔耳边轰鸣着。

"我讲的是您经常和工匠、翻砂工和普通工人来往的事。你从他们那儿能学到什么？"

"我在我尊敬的人们中间研究矿业！"轰鸣声继续响着。

"您应该上我这来学，这是你们到这来的根本目的。"

"向您学？不！从您这儿什么新东西我都没有学到，我认为研究航海术就得到船上，研究矿业就得到矿山去学。从您这里，可爱的大人，是什么也学不到的。"

"在我这，就得听我的。不管怎样你也得跟着我，什么时间停止你的学习，那由我说了算。"

"我要求刻不容缓地对我进行考核您讲过的课程。因为在我看来，我在这方面，头脑里的知识不比您的少。"

说完，罗蒙诺索夫"砰"地关门而去了。

第二天，上课了，罗蒙诺索夫两眼望着窗外。亨克尔气不打一处来，慢吞吞地瞅着罗蒙诺索夫的侧脸说：

"我们讲到，非稀有金属的燃烧不同于稀有金属的燃烧……罗蒙诺索夫，稀有金属在燃烧时有什么特点？您在窗外是找不到有关这个问题的答案的！"

罗蒙诺索夫回过头，连瞅都不瞅亨克尔，回答说："这类金属，火是无能为力的。"

"可燃物质在燃烧时透过器皿壁会使氧化皮的重量增加，您知道这是谁确定的实验吗？"

罗蒙诺索夫看了亨克尔一眼，严肃地说：

"这是罗伯特·波义耳确定的实验。但我认为，外界的空气不介入，燃烧的金属重量是不会变的。"

"好！那么我请您：第一，要注意听讲，而不是望着窗外。第二，我要请您不要发挥自己个人的见解，而是留心我的讲解。"

罗蒙诺索夫气愤地说："我看不出这对我有什么裨益。"

"年轻人，我不得不再次提醒你，你说话的口气小点，什么有用，什么没用，有权判断的不是你，而是你们科学院的领导和我。"

"我早就向您提出，您考核对我听讲的全部课程。"

"大学生先生，对您的一切要求，我可以不予理睬。"

大学生先生又一次"砰"地走出了实验室。

他打算要结束弗赖堡的学习了。

一些天过去了，亨克尔又面带嘲笑地对罗蒙诺索夫说："我应该告诉您一件极重要而又令人感到愉快的消息：贵国科学院给我来信说，您寄给俄国科学院会议的《俄军战胜土耳其颂》、《关于俄文诗作法原则的通信》，在圣彼得堡取得了不同凡响的成功。史泰林院士和阿达杜罗夫副教授把自己的意见寄来了。颂诗不仅在科学院，而且在皇宫里也博得好评。您将有幸亲自到我的办公室来取。"

罗蒙诺索夫心里高兴着，维诺格拉多夫和列侬泽尔心里也充满了喜悦，可在亨克尔面前，谁也没有也不想表露出来。

亨克尔接着傲慢地说："年轻人，我还得向您提出警告，科学研究不同于写诗。如果你想在科学上有所成就的话，那您就应该多多凭借实验，而不凭空想象。你是靠着大胆的想象去探索煤、琥珀、甚至海底的奥秘。"

"这正是我最热切的愿望，"罗蒙诺索夫严肃地回答说。"我认为科学是由理性和实验的推动而前进的。理性指示方向，实验予以证明。至于谈到煤、琥珀、海底，我的论点完全可以得到充分的证明：我亲眼见到过，并且在平整的盆地里捡到过许许多多的小贝壳，和我们家乡海滨的一样。于是我认为，这儿的盆地在某一时期曾经是海底。琥珀无疑是凝固了的树脂，形成的年代我们尚难确定，因为琥珀中经常发现有僵化了的小昆虫，而煤那是由泥炭形成的；关于……"

"关于别的问题你以后再谈吧。"顾问先生打断他的话。"我记得沃尔夫教授告诉过我，你在马尔堡写过一篇科学论文，在我这也要写，题目我过几天给你。"

"亨克尔先生，最近几天，我打算离开弗赖堡回国。"

"只有在我这儿修完学业之后，才能回国。"

"我认为课业已经学完了。"

"我却不这样认为！"顾问先生喊起来了。"回国只有我和科学院学术委员会才有权批准。"

"据我所知，科学院学术委员会根本不过问此事，只有您才有批准权。"

"等我认为合乎时宜的时候自然就会批准。"亨克尔狂叫着。

罗蒙诺索夫背对着亨克尔，倔强地回答说：

"如果有谁认为没有他的准许，我就不能返回祖国，我将对这种权利嗤之以鼻。"

罗蒙诺索夫愤怒地走了出去，门又"砰"的一声。

回到宿舍里，维诺格拉多夫问：

"你现在就走吗，米哈依尔？"

"现在就走，米特里。"

"私自回国可不太容易呀！"

"我先到莱比锡，前去找我们科学院的前任院长恺捷林男爵，他现在是我国的外交公使。我身无分文，亨克尔先生早就拒绝给我发生活费了，我只好从男爵那里领取少量的路费。"

"嗨，米哈依尔……我们一块儿走有多好啊，一切都会觉得好办一些。瞧，现在，你看不到我，我也看不到你……"

"米特里，用不着伤感。等我回到科学院我会马上替你安排，把你弄回祖国。"

"我得把陶瓷技术学到手，在这之前是不能返回祖国的。"

"我的好朋友，加把油，向别人，或到别的地方去学吧。别再指望亨克尔。他浅陋得很，而且还有所保留，对他简直一点儿办法也没有。米特里，快点结束这里的学业吧，回到祖国，我们在一起工作、生活。当然我们将要从事的那些事业，现在谈起来还是有困难的！为此，我不能浪费时间，等你回去再说。喏，我的朋友，忘掉我对不起你的地方。坚强点，米特里，你听见我说什么吗？"

"听到了，你对我的好处我忘不了。"

邮车的喇叭声响了，两位好朋友拥抱后，罗蒙诺索夫上了车。维诺格拉多夫一直目送到邮车消失为止。

晚上，罗蒙诺索夫来到莱比锡，他好不容易找到了俄国公使的住所，但一想，人家是大人物，这么晚了打扰实在不好意思，就只好找个小旅馆住下来。

第二天，罗蒙诺索夫来到了使馆前，他顺着栅栏来回走了两遍，心里还寻思着，向恺捷林先生说和亨克尔闹不和，公使恐怕不能原谅，但无论如何，既然来了，也得把问题说清楚。从科学见解上的分歧到经济上的困难。主意已定，他叩门了，仆人打开门说：

"恺捷林先生参加王子的婚礼大典去了。"

仆人转身准备去关门，罗蒙诺索夫高声叫问"到什么地方，到什么地方去啦？"

"卡塞尔。"随后大门紧紧地关上了。

到卡塞尔是需要钱的，罗蒙诺索夫已经没有一分钱了，这里又举目无亲，他毫无目的地在街上走着。有人一个劲地在后面喊他，他这才看到是马尔堡小酒馆的老板缪勒先生。

在缪勒先生的资助下，罗蒙诺索夫和缪勒先生一起到了卡塞尔，好不容易找到了恺捷林男爵下榻的旅馆，男爵先生也刚好从外边回来。可仆人通知他们说男爵先生只有在下个月才接见来访者。罗蒙诺索夫没有时间和精力等待，他决定取道荷兰回国，因为在海牙可以得到俄国公使戈洛文公爵的帮助和庇护。分别时，缪勒先生表示，一旦罗蒙诺索夫需要帮忙，他会伸出援助之手。

罗蒙诺索夫到了海牙的俄国公使馆，在使馆秘书的帮助下写完了请见书，可公使看完后让秘书传话，他不便介入此事。

罗蒙诺索夫决定去阿姆斯特丹。到阿姆斯特丹码头刚下船，觉得有一只大手搭在他的肩头，同时听到了一个大嗓门：

"我不会认错吧，这不是米哈依尔·瓦西里耶维奇·罗蒙诺索夫吗？"

原来是两个阿尔汉格尔斯克的商人，他在家时，由于父亲的营业关系，曾经和他们打过交道。他们三个坐进了小酒馆，一直喝到很晚，话别时，一个老乡对他说：

"米哈依尔·瓦西里耶维奇·罗蒙诺索夫，要多加小心，没有上司的许可，别回圣彼得堡。现在那里的制度可严了，老百姓平白无故就会遭殃，而且也没地方去说理。"

另一个见多识广，年岁大的老乡警告似的补充道：

"别乱来，米哈依尔·瓦西里耶维奇·罗蒙诺索夫。在没有领到许可证之前，千万别去见德国人，否则，连国境线也到不了，而且还不知道会把你弄到什么地方去。"

两位老乡的嘱咐，加上对昔日恋人丽兹白特的牵挂，他决定重新返回马尔堡，重新过那温馨的日子，重新进沃尔夫教授的实验室！

然而，事情并非一帆风顺地如人愿，在普鲁士的国土上，危难又一次袭击了他。

他碰到了那个在马尔堡驿站酒馆里被他嘲弄的那个普鲁士军官。

"啊，大学生先生！我的老朋友！我一下子就认出您来了。"他上下打量着罗蒙诺索夫，头上是破旧不堪的帽子，脚上是沾满泥土的两只旧鞋，他哈哈大笑起来。接着说："看样子科学并没有给您带来什么好处，用不着再问您的近况。噢，请过来坐吧！"

罗蒙诺索夫回答说："这不关科学的事，科学和我是不会彼此过意不去的，可是人和人，说实在的，可能什么事情都能发生。"

"显然，不完全是人的问题，还有钱的问题吧？"普鲁士军官笑着说。然后朝机灵的堂倌示意了一下。

很快，小堂倌端着两杯啤酒、小灌肠和面包放在罗蒙诺索夫眼前。他这时才感到太饿了，他伸手去掏钱包，军官把他手推开："大学生先生，这个留着用吧，我们以后再结算。"罗蒙诺索夫不管三七二十一，大口大口地连吃带喝，过一小会，他就觉得眼睛困得睁不开了。

普鲁士军官站起来，拍拍他的肩膀。

"喏，小伙子，马上有人送您去睡觉，我先走了，不过，别忘了为我效劳。"

"什么效劳？"罗蒙诺索夫问了一遍，可沉重的脑袋一个劲地往下耷拉。他迷迷糊糊地听见过来一个人对他说：

"我给我弟弟带来一套军服，他的身材和您的一模一样。请您试穿一下看看。"

以后，他就什么也不知道了……

当他醒来时，听到的是外边的号声和整齐的脚步声；看到的是墙上弗里德利赫国王的画像和窗户上的铁栏杆。他想起来，可发现双手被捆绑着，他下了地，看看身上，穿的是普鲁士军服，脖子上系着一条红色的皇家骠骑兵的领带！就这样他成为普鲁士国王的骠骑兵。

罗蒙诺索夫和其他士兵一样，整天在训练场上摸、爬、滚打着，一天、两天、好多天过去了……

有天晚上，经过艰苦的操练之后，哨兵得到长官准许抽完了烟，外出巡逻去了，新兵正在酣睡。一个哨兵走过来，冲着睡觉人喊了一声，"喂，罗蒙诺索夫！"但没有回声，他就自己到衣袋里去换烟丝，摸了半天也没摸到。粗鲁地骂了一句，就躺在床上，他想小憩，可一下子睡了过去。

天亮时，值班军官查岗把他叫醒，问：

"新兵哪去了?"

"我不知道。"

"啪、啪"两记耳光,随后官兵们接到追捕逃兵的命令,人的喊叫声,马的嘶叫声,还有枪声都混杂在一起。

这时的罗蒙诺索夫已经精疲力竭了,他的衣服早已湿透,碰伤的胳膊都青肿了,脚上还滴着血。他躲过了哨兵,悄悄爬过两道陡峭的土墙,翻过尖尖的铁栅栏爬到了维斯特伐利亚的国土上。他一动不动地躺在那里,呼吸沉重,但脸上充满了幸福的喜悦;这种幸福他原来是不敢相信的,他还没有勇气对自己证实这一切是真的,因为他已离开了普鲁士的军营,来到了一片自由的土地上……

一天深夜,他跳过篱笆墙,来到从前他在马尔堡学习时住宿的齐尔赫夫人的家,来到了他分别几年的恋人、齐尔赫夫人的女儿——丽兹白特的房间里……

第二天一清晨,他和丽兹白特去教堂举行了婚礼。

为什么这样神速,还得从头说起。

在马尔堡沃尔夫教授那里学习的时候,罗蒙诺索夫住在齐尔赫夫人家里,长时间的接触,罗蒙诺索夫和齐尔赫夫人的女儿丽兹白特产生了深厚的感情。夫人看到这个俄国小伙子身材结实,又聪明好学,将来也错不了,在罗蒙诺索夫去弗赖堡之前就订下了这门婚事。罗蒙诺索夫走后，丽兹白特一直默默地等着他。

可是前不久，夫人的表兄雅可布从汉诺威来夫人家里做客，他相中了丽兹白特，想让她给他儿子维利作媳妇。于是就和表妹谈了此事。他和儿子维利在汉诺威开了个小商店，比较有钱，他到马尔堡来办事。过几天维利也来了，他是来接雅可布的，顺便还可以让他们互相接触接触。

齐尔赫夫人把这事和女儿说了，女儿并不同意，因为她有她的罗蒙诺索夫。可夫人说什么也不允许她和罗蒙诺索夫，非得让她答应和维利不可，这下丽兹白特可为难了。就在"明天必须回答同意"下达的这天夜里，罗蒙诺索夫意外地飞来了。

于是丽兹白特就先斩后奏，生米已经作成熟饭，丽兹白特已经变成了"丽莎维塔·罗蒙诺索娃"了。

这事虽然就这样过去了，可夫人眼里一直没有她这个姑爷。罗蒙诺索夫在马尔堡只好深居简出。

在异国他乡，他竭力总结自己的学习和研究成果。制订了冶金方面的研究计划，并且撰写论文研究矿场中的气流问题，还草拟了一个建造新的炼炉的方案。为了在自己的祖国推广和提倡教育,他下决心要把沃尔夫的《实验物理学》译成俄语。

过了不久,他收到了彼得堡科学院的来信,命令他立即回到科学院,并寄来了100卢布的路费。他终于结束了海外生活。

由于物质条件等原因,丽兹白特提出不和他一起走,等他一旦处境好转,写信告诉她之后她再去。

罗蒙诺索夫告别了他的妻子,带着他自己的财富:两份博士答辩论文,沃尔夫教授的评语,每部书的提纲,文章的开头,沃尔夫的《实验物理学》和头几章的译文,还有用新格律写的诗篇,以及关于所有学业和各位教授对他进行考核的成绩、报告书。

他迫不及待地踏上了归国的旅途,他要把他的财富奉献给自己的祖国和人民。

Михаи́л Васи́льевич Ломоно́сов

罗蒙诺索夫

俄国科学之父

罗蒙诺索夫回到彼得堡后，没有担任科学院的任何职务。起初安排他编写科学院的矿物标本目录，他向科学院递交了申请，说自己已掌握了物理、化学和矿务方面的知识，在这些方面能写出供别人学习的、有新发现的有益的书籍。申请引起了注意，罗蒙诺索夫被任命为副教授，年薪360卢布，可由于财务管理制度的混乱，薪水几乎是长年不发，罗蒙诺索夫还是一贫如洗。

他的性情急躁，他不满沙皇统治，不满科学院领导的工作作风，反对外国人的专横跋扈，他被拘禁了一段时期。在拘禁期间，他完成了一些重要的科学著作：他写了《数学化学基本原理》、学术论文《论组成自然感觉不到的物质微粒》和过了20年才出版的《矿冶入门》等。这期间，他还写了大量的诗，《夜思》、《晨思》等都脍炙人口。

他写出的学术论文很快就通过了答辩，1745年7月25日被任命为化学讲座教授。他一方面讲授化学；另一方面翻译沃尔夫的《实验物理学》，在翻译当中，他深感俄语语言的缺乏，他写道："我不得不寻找一些词汇来表明某些物理仪器、物理作用和实物。这些词汇虽然起初显得有些古怪，但我希望经过使用后，它们会逐渐为人们所熟悉"。由此可见，他是俄语科学术语学的创始人。我们现在的俄语语言中包括许多罗蒙诺索夫最先使用的词。下面举出其中若干个词：如温度计、公式、活塞、弹性、球面的、大气、气压表、气压计、光的折射、磁极等，在罗蒙诺索夫以前的俄语中是没有的。

他经过不懈的努力，终于建立了俄国第一所化学实验室。不久又创造了莫斯科大学，他坚决主张不管是贵族子弟，还是平民子弟一律有资格入学。

他提出了微粒理论。他写的论文《论组成自然感觉不到的物质微粒》以及在这以前写的《数学化学基本原理》中，都肯定地指出：一切物体都是由极小的物质粒子组成的，他把后者称为"元素"和"微粒子"。他所指的"微粒子"是复杂的粒子，由简单的粒子——"元素"构成。现在我们不说"微粒子"，而说分子，不说"元素"，而说原子。

罗蒙诺索夫认为，像颜色、气味，比重等等物体的属性是极小粒子的性质和种类以及它们的相互排列和运动决定的。既然"微粒子"和"元素"是具有一般物体的一切属性的极小的物体，那么它们的运动和相互作用也受普通力学定律的制约。因此罗蒙诺索夫断定："物体的粒子性质可以用力学定律来解释。"由于力学也广泛运用数学方法，所以罗蒙诺索夫提出了在当时说来不平凡的问题：即建立"数学化学"。

罗蒙诺索夫提出了热是分子运动的形式的理论。他的论文《论热和冷的原因》开头便这样写道："谁都清楚地知道，热是由于运动引起的：两手摩擦生热，木料燃烧起火焰，敲击燧石就冒火星。热在于物质的内部运动，是极小粒子的运动。"

在建成化学实验室以后的那些年内，罗蒙诺索夫的研究范围更加扩大了，他那朝思暮想的愿望的实现（实验室的建成），使他本来就取之不尽、用之不竭的精力更加充沛了。除了进行物理学的研究，他还在化学和化学工艺学方面进行了多方面的工作。

巨大的工作能力和亲自参加实验这两点，表明了罗蒙诺索夫实验工作作风的特色。罗蒙诺索夫在新建成的实验室里的工作一开始，就在实际上解决重要的问题——研究新的化学工艺过程。

还是在建立实验室以前好几年，罗蒙诺索夫就熟悉了意大利镶嵌画的作品，他陶醉于它的优美，以至决定在俄国着手制作这种镶嵌画。他决定用特制彩色玻璃来代替意大利所用的有色石块。

在研究这种玻璃的生产方法时，物理学和化学问题又同纯艺术问题结合在一起，即如何得到彩绘所需要的色调。解决这个复杂的问题，正合罗蒙诺索夫的心意。他希望证明："化学实验与艺术结合是非常必要、非常有益的。"

他全心全意致力于此项研究，很快就在制造和磨光彩色玻璃方面取得了完满的成功，从而在1752年亲手制作了一幅巨大的镶嵌画。这一成就鼓舞了罗蒙诺索夫，他感到实验室的房屋不适宜于大规模生产彩色玻璃，于是竭力设法建立专门工厂，在厂内制造用彩色玻璃做成的玻璃装饰物和各种产品。罗蒙诺索夫亲自设计了必要的机器，并且亲自监制这些机器，因此工厂不久就投入了生产。

在这一时期，化学作为一门科学并不存在。"化学"这个词是被用来称呼把复杂物体分解成较简单物体或用简单物体制造成复杂物体的技艺的。而在发生各种化学作用时，并不注意原有物质的重量和所获得的产品的重量。罗蒙诺索夫把化学概念和他所发展的原子论联系在一起。他深信：要了解化学变化，必须研究组成一切物体的极小粒子的特性。

他运用原子论建立了化学方面最重要的概念，即关于单质或化学元素的概念。按照他的概念，所有的物体都是由极小的粒子"元素"组成的。它们结合在一起，就组成一些比较大的粒子——大粒子，或者如我们现在所说的分子。"如果微粒子是由同一种粒子（元素）按同一方式、同一数量组成的，那么微粒子也相同。"

罗蒙诺索夫把同一种粒子组成的物体叫做"始元"，这种不能再进一步分解的"始元"是和我们现代化学的化学"元素"相符合的。

按照罗蒙诺索夫的观点，"混合的物体乃是由两个或者一些不同的始元组成的。它们彼此这样地结合在一起：即它的每个个别粒子具有和组成物体的始元相同的比例关系，整个混合物也具有同样的比例关系。"毫无疑问，如果罗蒙诺索夫发展了自己这些关于基本化学概念的明确定义，那么它们就会对化学的发展产生重大影响，而不需要100年再重新确定它们了。

罗蒙诺索夫清楚地了解，要使化学实验结果成为可信的东西，就必须利用纯粹的化学物质。他在拟订实验室的化学研究计划时写道："①要竭力把化学工作中要用的天然物质弄干净，使其中不含任何杂质，因为杂质会发生其他的作用，使人迷惑。②尽可能把弄净的物质分解为组成它们的自然的成分。③为了更好地证明所分解的物质是由上述那些单纯的东西组成的，应当尽可能使他们重新结合为原来的物质"。

他写道："凡希望进行物理化学实验的人，必须利用……重量和度量。"因此我们在上述化学研究计划中接着可读到："在进行上述一切实验时，我要注意和记录的不仅仅是反应本身所使用的物质和器皿的重量或度量，而且也包括有必要加以考察的周围的一切环境。"

罗蒙诺索夫的所有这些想法来自他意识到化学和物理有密切的联系。在进一步发展物理和化学相联系的思想时，罗蒙诺索夫于1752年建立了上面所提到的新科学——物理化学。

他十分精确地规定了物理化学的任务："物理化学是这样一门科学，它根据物理学原理和化学实验来解释各种混合物化学作用后的变化。它也可以称做化学哲学。"

他在 1752 年至 1754 年间为科学院的大学生讲授物理化学课。此后俄国直到 1865 年,凯托夫教授才在哈尔科夫大学第一次在世界上开设物理化学课。这样,罗蒙诺索夫在建立物理化学方面超出了自己的时代 100 多年。

罗蒙诺索夫在大胆地建立新的物理研究方法的同时,还在自己的物理化学研究中成功地利用了显微镜进行观察。例如,他借助于显微镜观察了铁丝怎样溶解于硝酸之中。

在物理化学实验课里,罗蒙诺索夫建议:"把光学、磁学和电学实验……都加到化学实验之内,因为化学实验将和物理实验结合在一起,说明特殊的反应。"

罗蒙诺索夫拟订了一个广泛的物理化学研究计划:

"1. 固体和液体在各种温度条件下的比重。

2. 固体和液体的内聚现象:滴液的内聚力,试验固体对断面、对紧压的内聚力,在石上细擦固体,试验其内聚力。

3. 盐类、金属以及各种混合物结晶的形状。

4. 显微镜观察:①运动,②粒子。

5. 在蒸煮器中的蒸发作用:①溶液,②挥发性物质。

6. 温度测定:①利用温度计,②利用高温计。

7. 研末：①在水中，②在酒精中，③在油中。

8. 速度：①液化，②沸腾，③凝结，④结晶，⑤溶解，⑥萃取，⑦汞齐化，⑧升体，⑨蒸馏，⑩燃烧。

9. 导热：①在同类物体之间，②在不同物体之间。

10. 真空中的实验。

11. 重量及溶液与混合物的重量关系和变化。"

这是多么深刻、多么全面的研究计划！

毫无疑问，我们有充分理由认为罗蒙诺索夫是物理化学的创始人。

在当时，各种物体在燃烧或煅烧时所发生的过程引起了各国化学家的注意。英国化学家波义耳通过实验得出：物质在燃烧后重量有所增加。罗蒙诺索夫实验证明：如果不让外面的空气进入，燃烧过的金属的重量与原来的重量相等。进而提出了物质守恒说，他认为："一些物体所失去的东西，就是另一些物体所增加的东西。一个地方减少一些物质，另一个地方就会增加一些物质。"他解释盐在水中溶解而水冷却时写道："当某种物体加速另一种物体的运动时，那么，前者要将其一部分运动传导给后者。但这恰恰只是它本身所失去的那一部分运动。因此，当一部分盐的旋转运动时，就失去自己的一部分旋转运动。这就是罗蒙诺索夫发现的物质运动守恒定律。

这时期，罗蒙诺索夫还花费大量的时间来研究电学，进行了大量的电学实验，直到和他一起研究雷电的利赫曼教授电死。1753年10月25日，罗蒙诺索夫在科学院作了《关于雷电力产生的大气现象的讲话》。在这篇讲话中，他最先在科学中注意到地球大气中存在着垂直气流，以及它们在自然界各种现象中的作用。

罗蒙诺索夫利用冷空气的垂直下降来解释有时在冬季解冻后突然来到的寒冷。他对于各种温度条件下的大气密度做了许多次测量，打算在实验中证明这些气流的存在。直到19世纪末年，才重新有人提出存在垂直大气流的想法，并在实验中加以证明。上升的大气流的存在目前已为众所周知；滑翔机飞行员在飞行时所利用的正是这些气流。

罗蒙诺索夫用垂直气流在流动时所发的摩擦来解释大气电的产生。和罗蒙诺索夫相近的大气电产生的理论直到1929年才发展起来。

罗蒙诺索夫的气象学著作和对大气电的研究有密切联系。作为气象学家，罗蒙诺索夫也超过了他同时代人一个世纪。他最早在世界上建立了一个带有气象自动记录仪器的观测台。他的观测结果发表在《科学院月刊》里。罗蒙诺索夫的气象自动记录仪器中,特别有趣的是测定风速和风向的仪器——风速计。这种仪器第一次在气象学史中利用叶输来测量风速。在罗蒙诺索夫的风速器里,按照风的速度而有数量多少不等的水银被注入专门的容器内,根据容器中的水银数量,就可以把风速和风向记录下来。

罗蒙诺索夫希望扩大气象观测的范围,他在1754年的科学院会议上"展出了他发明的命名为飞行器的机器,这种机器借助于一种依靠上着的钟表发条而向四周水平地转动的叶片来压缩空气,使之上升到大气上层,以便利用气象仪器来研究上层空气的情况。"很明显,这就是直升机,遗憾的是,罗蒙诺索夫未能把上述实验进行到底。

罗蒙诺索夫还制成了"万能气压表",留下了大量的观测记录,直到200年后,世界上才有人发明和使用这种仪器。

在这个时期,罗蒙诺索夫还对光学发生了浓厚的兴趣,他向科学院提出了《论点燃的聚光器》一文,这篇论文除了独创性地解决问题之外,还表现了他对当时光学文献的丰富知识。这篇作品所叙述的仪器是由几面镜子和聚光玻璃组成的,这些东西要排列得足以使太阳光集中于一点,点燃可燃的物质。

罗蒙诺索夫在自己的实验室内创造出数十种完全新式的光学仪器。1756年，罗蒙诺索夫在科学院展出了他所发明的用于"夜间辨识峭壁和船只"的望远镜。现在，船只为了在夜间观察、高射炮为了看清目标在夜间射击，都应用了200多年前罗蒙诺索夫最先制造出来的仪器。

由于对地理研究，特别是对海洋探险感兴趣，罗蒙诺索夫设计了各种为航海所必需的光学仪器。

在这个领域内，罗蒙诺索夫的天才也在研究简易的、独出心裁的、在大海上测定方向的新式仪器和方法方面表现出来。在完成这些工作时，他必须从事天文研究。

1761年5月26日，全世界的科学家怀着极大的兴趣观察了非常罕见的天文现象。金星沿着位于太阳和地球轨道之间的轨道运行着。在这一天，金星应当穿过联系着太阳和地球的线路，因此，它的能看得到的运行似乎是在太阳视面的背景上进行的。我们所以看得见金星，由于金星反射了照在它上面的太阳光，因而当它以太阳为背景运行时，它应当是一个不大的暗淡的圆圈。像这样的行星通过是非常罕见的，下一次将在2004年。

这一现象引起了天文学家很大的兴趣，圣彼得堡科学院组织了专门的观察队。罗蒙诺索夫在观察金星通过时提出：当金星的边缘接近太阳视面时，太阳视面在和金星接触的地方丧失了以前所有的鲜明轮廓。当金星通过太阳视面，接近了它的对面边缘时，"在太阳的边缘上出现一个小疱，这个小疱在金星愈接近出现时就愈鲜明。这个小疱很快消失，金星也突然整个出现了。金星的完全出现，或在它出现的那一刹那，它的后部边缘和太阳最后接触时，也有某种间隙，并使太阳边缘模糊不清"。

他写道："根据这些观察，顾问罗蒙诺索夫先生断定：金星周围有着如包围我们地球的那种有用的大气。"这一发现，比其他一些欧洲科学家早了好几十年。

罗蒙诺索夫还对地质学有很深的造诣。他在晚年出版了《矿冶入门》一书。他写道："必须牢牢记住：地球上一切可以看到的有形物体和整个世界，在它们刚刚创立的时候，并不是我们现在所看到的状态；但在世界上发生了巨大的变化……因而无怪乎许多人认为我们所看到的一切一开始就是由上帝创造的，仿佛不仅仅是山脉、山谷和水流，而且各种矿物也都是和整个宇宙同时产生的。因而据说不必研究它们的起因，不必研究它们的内部性质和分布位置为什么不同。这样一些论断对于整个科学的发展非常有害，因而对于地球的自然知识，特别是对于矿业的技能也极其有害。一个自作聪明的人，只要他背熟了'上帝这样创造'这几个字，把它当做一切原因的回答，那么就很容易变成一位哲学家。"

为了证实大自然变易性的观念，罗蒙诺索夫援引了有关地球表面各地发现的植物和动物化石残骸的资料。他驳斥了那种认为动物的化石残骸是自然界的偶然玩意的错误见解，同时第一次在科学界指出了化石动物外壳的化学成分是与现代活着的类似生物外壳的成分相似的。

罗蒙诺索夫并没有把自然界的变化仅限于地球气候的变化，以及和这种变化有关的动植物界的变化。他最先指出岩石、矿物的变化，指出非常缓慢地，但不停地在地壳上进行的物理化学过程。只是经过许多年以后，这些观点才普遍推广。因此，我们有充分权利认为罗蒙诺索夫是研究地壳上所发生的物理化学过程的科学的创始人。后来这门科学被称为地质化学。

罗蒙诺索夫认为地球表面构造是与地球内部构造有密切联系的。他写道："地球表面，一般的说地球的上层乃是下层的一部分，而在毗邻的地方，它一方面从下层因袭了许多成分，同时又把自己的成分给予下层。"因此，地球表面的变化是和地球内部所发生的过程相联系的。

　　罗蒙诺索夫认为，地球表面变化的原因之一就是水和风的作用。其次就是地震，他断言："世界上任何一个地方都不可能完全停止地震"。

　　1758年，罗蒙诺索夫被任命为地理学部主任，地理学部当时的主要任务是编制精确的俄国地图。在他的领导下，1763年已编制好9份地图准备付印。

　　罗蒙诺索夫很早以前就有"找出能经过西伯利亚海洋通往东印度的道路"的想法。他在1752年写道：

> 那严峻的大自然，
> 要把西岸到东方的航路
> 瞒住我们已是枉然。
> 我已用慧眼看见：
> 俄国的哥伦布蔑视命运，
> 匆匆行走在冰雪中间。

　　由于想找一条通往日本、美洲、印度的无冰航路，在研究北冰洋的性质时，他仔细地研究了各种极地探险的报告，他曾和那些在北极航行的渔业家、商人长谈。他耐心地问他们关于航行的情况、冰的范围、一年四季的温度。根据仔细研究北冰洋性质的结果，罗蒙诺索夫确信在斯匹次培根群岛和新地岛之间应该有一条北洋航线。由于他相信自己结论的正确性，他于1763年向海军部提出了北洋航线计划。

在长时间的拖延之后，终于通过了派遣探险队的计划，并在罗蒙诺索夫去世的当年于1765年5月9日出海，但不是按照罗蒙诺索夫提出的线路，而是选在斯匹次培根群岛和格陵兰之线，结果只是中途而返。

一直到1871年，奥地利极地探险队才在罗蒙诺索夫曾经预言过的那个地方发现了没有冰的海洋。

青年时代所遭受的艰苦生活，高度紧张的工作以及和"俄国科学之敌"顽强斗争的损害，使他的强壮的身体渐渐不支，在18世纪60年代里经常生病，变得更加易暴易怒，和舒玛赫及"当然的"继承者、科学院办公厅主任陶贝特及其他院士的争论越来越频激。

不仅为了批评，而且为了想得到科学院正常工作所必需的条件，罗蒙诺索夫订出了详细的科学院章程。

按照罗蒙诺索夫的想法，科学院的主要任务是尽量促进国家经济和文化的发展。这个机关应该是俄罗斯民族的机关，而科学院院士应该是"俄罗斯血统的人"。科学院应转交给科学院院士自己来管理，要求取消科学院办公厅的无限权力。他的这些建议虽然没有被批准，但在他逝世后，其中许多建议得到了实现。

在晚年，罗蒙诺索夫的声望已经远扬国外。他在1760年被选为瑞士科学院的名誉院士。他于1761年向瑞典科学院提交了《论北洋冰山的起源》的论文，用瑞典文刊登在《瑞典科学院报告》上。1763年10月10日，罗蒙诺索夫非常隆重地当选为艺术科学院的名誉院士。1764年3月12日，意大利杂志《佛罗伦萨科学公报》刊登了一篇详细评述罗蒙诺索夫著作的长篇文章。同年4月13日被选为波伦科学院院士。

罗蒙诺索夫的著作及对其著作的评论已经用俄语、拉丁语、德语、法语、意大利语以及瑞典语刊登出来。

1765年早春，罗蒙诺索夫因患重感冒而卧床不起，健康状况一天天恶化，临去世的前几天，他对他的朋友、科学院院士斯捷林说："我知道我要死了，我冷静地看待死亡，遗憾的只是我不能够完成我为祖国利益、为科学的发展、为科学院的光荣所从事的一切，现在，在我快死的时候，我知道我的一切有益的愿望将和我一起消失。"

Михаи́л Васи́льевич Ломоно́сов

1765年4月4日,罗蒙诺索夫逝世了,享年54岁。俄国的一些优秀人物给他以很高的评价。普希金这样说他:"罗蒙诺索夫是一个伟大的人。他建立了第一所大学。说得更好一些,他本人就是我们的第一所大学。"别林斯基写道:"罗蒙诺索夫仿佛北极光一样在北冰洋岸发出光辉。这个现象光耀夺目,异常美丽。这证明了一个人可以适应任何情况和任何气候,因为天才能够战胜厄运所设下的一切障碍;最后,还证实了一个俄罗斯人是能完成一切伟大而优美的事业的。"

"罗蒙诺索夫以其巨大的毅力和智力囊括了各方面的知识。这种科学热望是内心充满热情的强烈愿望。他是历史学家、修辞学家、化学家、矿物学家、艺术家和诗人——所有这一切,他全都尝试了,而且全都谙识了。"

罗蒙诺索夫,无愧于"俄国科学之父"。